Yirgalem Fisseha Mebrahtu & Tanja Kinkel
FREIHEIT IN BRIEFEN
Zwei Autorinnen im Dialog

AF197324

Freiheit in Briefen

© Yirgalem Fisseha Mebrahtu und Tanja Kinkel, 2023

Lektorat: Mekonnen Mesghena

Coverbild: Liam Truong, unsplash

Covergestaltung und Satz: Abel Rosenstiehl

Druck: booksfactory, Szczecin (Polen)

Printed in the EU

Für die Autor*innen übersetzten aus dem Tigrinya ins Deutsche Kokob Semere und aus dem Deutschen ins Tigrinya Miras Walid.

Mit Unterstützung des **PEN-Zentrums Deutschland**

Bibliographische Information der Deutschen Nationalbibliothek

Die Deutsche Nationalbibliothek verzeichnet diese Publikation in der Deutschen Nationalbibliographie; detaillierte bibliographische Daten sind im Internet unter www.dnb.de abrufbar.

Zweite Auflage, akono 2024, Leipzig

ISBN: 978-3-949554-14-8

ISBN (E-Book): 978-3-949554-23-0

YIRGALEM FISSEHA MEBRAHTU &
TANJA KINKEL

Freiheit in Briefen
ZWEI AUTORINNEN
IM DIALOG

YIRGALEM FISSEHA MEBRAHTU ist eine eritreische Schriftstellerin und Dichterin, Journalistin und Mitbegründerin des renommierten Literaturclubs von Adi-Khey. Sie arbeitete seit 2003 als Produzentin und Moderatorin beim Radiosender Radio Bana, bis dieser 2009 verboten wurde. Von 2009 bis 2015 war sie im Militärgefängnis Mai-serwa inhaftiert, wo sie wiederholt verhört und gefoltert wurde. Seit Dezember 2018 lebt sie in München und ist ehemalige Stipendiatin des PEN DEUTSCHLAND *Writers in Exile* Programms. 2019 wurde sie mit dem *Freedom of Speech and Expression Award* des PEN ERITREA ausgezeichnet. Ihre im selben Jahr veröffentlichten Gedichte »ኣለኹ/Ich bin am Leben« liegen seit April 2023 auf Deutsch vor (Wunderhorn). 2023 wurde sie ebenfalls mit dem Georg-Elser-Preis ausgezeichnet.

TANJA KINKEL ist eine deutsche Schriftstellerin, die unter anderem als Verfasserin historischer Romane bekannt wurde. Sie lebt in München. 1997 wurde sie mit einer Arbeit über das Werk Lion Feuchtwangers promoviert. Sie war 2001 Gründungsmitglied der Internationalen Feuchtwanger Gesellschaft in Los Angeles und wurde 2019 zu deren Präsidentin gewählt. Kinkel ist Mitglied im PEN-Zentrum Deutschland. Ihre Romane erschienen u.a. im Goldmann Verlag, im Blanvalet Verlag und bei Knaur.

Einer der schönsten Sätze in jeder Sprache lautet: »Lass mich dir helfen.«

Wir hätten ohne die Hilfe der folgenden Menschen dieses Buch nicht schreiben können: Kokob Semere und Miras Walid, die unsere Briefe übersetzten, allen Schwierigkeiten zum Trotz; die Mitarbeiter des Writers-in-Exile-Programms des PEN Deutschland, vor allem Janine Lückert, und natürlich Astrid Vehstedt, die W-i-E-Beauftragte, und Leander Sukov, der uns einander vorstellte; sowie unsere Verlegerin, Jona Elisa Krützfeld.

#saytheirnames

Abdul'alim Shiekh Mehamed–Ali (m)
Abdurahman Ali Amharay (m) | Abubeker
Mehamed-nur (m) | Ali Hassen Adem (m)
Amanuel Asrat (m) | Asmerom Ghebre-
weldi (m) | Aster Fissehatsion (w) | Aster
Yohannes (w) | Beraki Ghebreselassie (m)
Berhane Ghebrezgbiher (m) | Bitweded
Abraha (m) | Bokre Mebrahtu (m) | Ciham
Ali (w) | Dawit Habtemariam (m) | Dawit
Habtemichael (m) | Dawit Issac (m)
Ermias Debessai (aka – Papayo) (m)
Estifanos Seyoum (m) | Fer'on woldu (m)
Frezghi Habtay (m) | Germano Nati (m)
Goitom Araya (m) | Goitom Ghebreslassie
(m) | Habtetsion Ghebremicheal (m)
Hagos Hadush (m) | Haile weldetinsaie
(aka – Duru'e) (m) | Hamid Himid (m) Ibra–
him Jim'e Hamd (m) | Ibrahim malke Ali-
Bekhit (m) | Idris Aba Are (m) | Idris
Mohammed Ali (m) | Idris Mohammed Ali
(artist) (m) | Isaias Yosief (m) | Jim'ie Kimeil
(m) | Kidane Ghebreab (m) | Kidane Woldu

(Dr.) (m) | Kiflu Ghebremeskel (Dr.) (m)
Mahamoud Ahmed Sherifo (m) |
Matheowos Habtaab (m) | Matheowos
Habtemariam (m) Medhanie Haile (m) |
Miriam Hagos (w)Mohammed Hamd
Osman (m) | Mohammed Tahir Hamd (m) |
Okbe Abraha (m) Petros Solomon (m) |
Rev. Futsum Ghebrenegus (Dr.) (m) | Rev.
Ghebremedhin Ghebregiorghis (m) | Rev.
Tekleab Menghisteab (Dr.) (m) | Said Abdel-
kadir (m) | Saleh idris kekya (m) | Sahle
Tsegezeab (aka – wedi etay) (m) | Senait
Debessai (w) | Senay Kifleyesus (m) | Sey-
oum Tsehaye (m) Solomon Berhane (m) |
Tekïe Ghebrehiwot (m)
Tesfaldet Eyasu (m) | Tesfaldet Seyoum (m)
Tesfalem Mengisteab (m) | Tesfatsion
Hadgu (m) | Tesfay Ghebreab (aka –
gomera) (m) | Temsgen Ghebreyesu (m)
Yohannes Fissehaye (aka – Joshua) (m)
Yosuef Mohammed Ali (m) | Zerigabir
Ghebrehiwot (m)

* und viele mehr sind politische Gefangene und inhaftierte Medienschaffende in Eritrea. Sie sind nicht vergessen.

1

Liebe Yirgalem,

gerade bin ich aus meiner Heimatstadt Bamberg nach München zurückgekehrt, wo ich wohne. Was für ein Privileg es doch ist, das mit einer Leichtigkeit sagen zu können, die unbelastet ist von der Furcht, den einen oder anderen Ort nie wieder zu sehen.

Es gibt allerdings auch eine andere Furcht, mit der du viel vertrauter bist als ich, stelle ich mir vor. Das Gefühl, das einen befällt, wenn die Sprache, Menschen, Kultur, die einen geformt haben, beginnen, sich wie die Schatten in der Abendsonne zu verzerren. Du hast mir von der Zensur in deiner Heimat erzählt, die bedingt, dass Bücher, wenn sie schließlich überhaupt veröffentlicht werden, so sehr verändert sind, dass ihre Schöpfer sie kaum mehr wiedererkennen. Davon, wie schwer es ist, mit den Eritreern in anderen Ländern zu sprechen, die nicht wahrhaben wollen, was in ihrer Heimat vor sich geht, weil es gegen das Bild verstößt, das sie in sich tragen.

Ich lebe derzeit noch in dem Luxus, nur aus stilistischen Gründen umschreiben zu müssen: um ein Manuskript besser zu machen. Aber mir ist es in den vergangenen Jahren immer wieder geschehen, dass sich Menschen, die ich glaubte, zu kennen, in eine Sprache fallen ließen, die voller Hass steckte, und die Kommunikation mit ihnen zusammenbrach. Ich bin 1969 geboren, was bedeutet, dass ich mit einer im Rückblick naiven

Gewissheit aufwuchs, innerhalb von Europa würde kein Krieg mehr geführt werden, wenn es denn nicht der Atomkrieg sein würde, der uns alle umgebracht hätte, auf sämtlichen Kontinenten. Ich hielt Antisemitismus und Rassismus für etwas, das nur noch von einer Minderheit Ewiggestriger praktiziert wurde, und Nationalstaaten für ein Modell, das am Auslaufen war.

Natürlich: Ich war privilegiert, erst im Rückblick kann ich sehen, wie sehr – mit all der Blindheit, die das Privileg verleiht. Aber es verstört mich doch zutiefst, dass die Welt, wie sie sich derzeit darbietet, in so vielen Ländern, einschließlich meines eigenen, mehr und mehr der Welt gleicht, die ich damals als junger Mensch für überwunden hielt, und weniger und weniger den Annahmen, von denen ich seinerzeit kaum wusste, dass sie keine Annahmen, sondern Hoffnungen waren.

Gibt es den Ausdruck ›Ewiggestrige‹ in deiner Sprache? Selbst in Englisch finde ich kein Äquivalent – die wortwörtliche Übersetzung klingt plump. Die Ironie ist mir bewusst: Heute bin ich es, die sich manchmal nach dem Gestern sehnt, einer Zeit, die vermutlich noch nicht einmal so war, wie ich sie mir denke. Schließlich gab es Rechtsradikale auch in den 80ern, als ich ein Teenager war, AIDS wurde lange ignoriert und totgeschwiegen, und die Grundsteine für den globalen massiven Rechtsruck wurden überall gelegt. Die Jugendliche, die ich damals war, dachte sich, ›Ewiggestrige‹ seien die Menschen, die immer noch vom ›Deutschen Reich‹ fabulieren, als Überlebende der Generation meiner Großeltern. Das Oktoberfestattentat, das hier in München, wo ich nun lebe, von einem damals keineswegs alten, sondern jungen und gut vernetzten Rechtsradikalen am 26. September 1980 verübt wurde, nahm ich höchstens als die verrückte Tat eines Einzelnen war, wie noch viel zu lange die übliche Erklärung für jede Gewalt von rechts lautete.

Ich denke, wir neigen alle dazu, uns das ›Gestern‹ anders zurechtzumachen, als es war, auch, weil wir wenigstens ein paar sichere Fundamente brauchen, um darauf zu stehen, und das Heute und Morgen anzugehen.

Wie sieht es bei dir aus? Gab es eine bestimmte Zeit in deinem Leben, als Überzeugungen, die du für selbstverständlich nahmst, erschüttert wurden, als die Menschen, die du glaubtest, zu kennen, begannen, ein anderes Gesicht zu zeigen? Oder bedingt das Leben in einer Diktatur, dass die Notwendigkeit, ein öffentliches und ein privates Selbst zu entwickeln, schon von Anfang an für selbstverständlich genommen wird?

Mitte der 90er Jahre hatte ich ein dreimonatiges Stipendium in Los Angeles. Damals konnte ich mit einer ganzen Reihe noch lebender Emigranten sprechen, die Deutschland der Nazis wegen in den 30ern und 40ern verlassen mussten. Einige waren nie wieder zurückgekehrt, andere besuchsweise. Alle hatten damals Familie verloren und sich ein neues Leben, eine neue Identität aufbauen müssen, gemeinsam mit einer neuen Sprache, wortwörtlich. Es faszinierte mich, wie sie im Gespräch mit mir zwischen Deutsch und Englisch hin und her wechselten, oft im gleichen Satz. Das Englisch war das der Gegenwart, das Deutsch dagegen hatte ein altmodisches Vokabular und den Akzent ihrer Jugend. Man konnte hören, ob sie ursprünglich aus Berlin oder aus Wien gekommen waren. An diese Exilanten muss ich immer wieder denken, wenn mir unsere *Writers in Exile* durch den PEN begegnen.

Du hast mir erzählt, dass einer deiner Brüder schon länger in England lebt. Hat sich seine Sprache für dich verändert, oder deine für ihn? Für uns, die wir von der Sprache leben und von ihr lernen, ist es, denke ich, gleichzeitig Herausforderung und Geschenk, sich in mehr als einer zu bewegen. Oder ist auch dies ein privilegierter Gedanke, geboren aus der Sicherheit, in meiner ersten Sprache veröffentlichen zu dürfen?

Den letzten Monat habe ich in Bamberg verbracht, weil ich an der Organisation des *Bamberger Literaturfestivals* beteiligt bin, als Schirmherrin, Vortragende und Moderatorin. Das Literaturfestival fand in diesem Jahr zum fünften Mal statt. In den letzten fünf Jahren habe ich auf diese Weise Schriftsteller kennen gelernt, die vorher manchmal nur Namen für mich waren, manchmal aber auch die Stimme ihrer Bücher, wenn ich ihre Werke kannte. Einer meiner Verleger meinte einmal, wir Schriftsteller würden ihn immer an Igel erinnern, wenn wir uns träfen: zunächst die Stacheln hochgestellt, als Schutz und als Abwehrmaßnahme gleichzeitig. Manchmal trifft das zu, aber überwiegend, so habe ich es zumindest erlebt, neigen wir schon dazu, die Stacheln schnell wieder zu glätten und uns auf unsere Mit-Igel einzulassen. Aber natürlich sind solche Begegnungen kein Alltag: Es liegt ein Flirren von Aufregung in der Luft, weil es sich samt und sonders um kurzfristige Besuche handelt, und sie gehen schnell zu Ende. Briefe dagegen sind Begegnungen, die aus der Zeit heraus leben, nicht dem Moment. Auf den ersten von dir bin ich schon sehr gespannt.

Deine Tanja

Liebe Tanja,

wie geht es dir? Deinen Brief habe ich mit Freude gelesen. Ich denke, es ist offensichtlich, warum ich dir mit Verspätung antworte. Die Corona-Pandemie (Covid-19), die unerwartet unsere Welt in Atem hält, änderte unser gesamtes tägliches Leben, sodass unsere Aufmerksamkeit und Handlungen dieser Krankheit gewidmet sind.

Wie geht es dir? Wie geht es deiner Familie und deinen Freunden in diesen Tagen? Für deine Arbeit unternimmst du doch so viele Reisen, wie erledigst du das jetzt? Meinerseits tritt diese schwierige Situation ein, bevor ich meine geplanten Touren beenden konnte. Eigentlich wollte ich in vielen Ländern mein Buch vorstellen und meine Erfahrungen aus meiner Zeit im Gefängnis erzählen. Ich hoffe, dass wir bald in unser gewohntes Leben zurückkehren können.

Von unserer Hauptstadt Asmara 110 km entfernt, bin ich in der kleinen Stadt Adi Keyih aufgewachsen. Ich stamme aus einer großen Familie, die drei Mädchen und vier Jungen hervorbrachte. Für meine Mutter bin ich die Erstgeborene, und die Zweitgeborene meines Vaters. Von den sieben Kindern meiner Familie befinden sich derzeit fünf in verschiedenen Ländern Europas. Wann wir unser Heimatland wieder betreten, wann wir unsere Eltern jemals wiedersehen werden, weiß keiner.

Ich komme auf den Inhalt deines Briefes zurück. Als wir uns das erste Mal trafen (der Tag, an dem du mich zum Essen eingeladen hast), haben wir das Thema Zensur angesprochen. Damals hast du mir eine Frage gestellt. Bevor ich dir dazu aber eine Antwort gebe, möchte ich zuerst eine andere Sache vorziehen, an die ich mich erinnere. Als ich in Eritrea war, wunderte ich mich immer darüber, dass bei den Ausländern jeder für sich bezahlt. Das Wetteifern und Gerangel meiner Landsleute ums Zahlen erstaunt Menschen anderer Länder. Das wurde mir in Uganda erstmals bewusst. Bei uns ist es üblich, dass man nicht nur für diejenigen mitzahlt, mit denen man ausgeht, sondern auch für Bekannte, die sich zufällig angeschlossen haben. Zumindest versucht man zu bezahlen, wenn man sich im Gerangel durchzusetzen vermag. Dazu hätte ich gerne deine Meinung.

Aber nun zurück zu deiner wichtigen Frage: In meiner Heimat herrscht eine Zensur, die rigoros ist, ein Recht auf Meinungsfreiheit und Vereinigungen von Schriftstellern und Journalisten existiert nicht .... Doch solche Probleme dürfen als Probleme nicht angesprochen werden. Genauer gesagt, sind sie gravierende Verstöße gegen die Menschenrechte. In vielen Ländern der Welt werden sie als große Probleme wahrgenommen. In Eritrea herrscht jedoch ein System, das einen hohen Preis verlangt, wenn Menschen es wagen, ihr Recht auf Meinungsfreiheit in Anspruch zu nehmen.

Tatsächlich gibt es einige wenige Chancen, ein Buch zu veröffentlichen. Falls jemand es schafft, die Hindernisse der Zensur zu überwinden und im Stande ist, das Buch zu veröffentlichen, dann wird das Buch unmöglich das sein, welches du geschrieben hast oder wie du es beabsichtigt hast, zu veröffentlichen. Das einzige, was an >deinem Buch< unverändert sein dürfte, wäre dein Name.

Doch was bringt es, wenn sie deinen Namen auf ein Buch setzen, in dem du weder deine Gedanken noch deine Kunst frei einfließen lassen kannst? Das Schlimmste daran ist natürlich, dass die Leserinnen und Leser über >deine< Publikation urteilen und sie bewerten, ohne tatsächlich die Schwierigkeiten der Schriftstellerin oder des Schriftstellers zu kennen. Eritreische Schriftsteller leben eingeklemmt zwischen Zensur und unwissenden Leserinnen und Lesern. Natürlich gibt es auch Bücher, die an die Abteilung Zensur eingereicht, aber nicht zurückgegeben werden. Dazu zählt mein 2008 eingereichtes Buch, das sich immer noch dort befindet.

Es ist keine Seltenheit in der Weltgeschichte, dass eine Revolution von Wenigen begonnen wird. Eine von Wenigen begonnene Revolution zog die Massen an und schaffte die Befreiung des Landes von der Fremdbesatzung. Was darauf folgte, ist jedoch beispiellos.

Nicht einmal frühere fremde Besatzungsmächte haben es geschafft, das Land zu ruinieren, die Bürger dermaßen zu unterdrücken, zu betrügen, zu entführen, zu quälen und in die Flucht und in den Tod zu treiben. Trotz solcher Zustände haben wir Eritreerinnen und Eritreer unterschiedliche Interpretationen, was dazu führt, dass untereinander große Missverständnisse herrschen. Übrigens, was ich dich fragen wollte: Kannst du dich erinnern, bei welcher Gelegenheit du das erste Mal von Eritrea gehört hast? Das würde mich interessieren.

Du hast Recht! Auf Herkunft und Rassismus aufgebautes Gedankengut ist inhuman und rückständig. Wenn wir uns gegenseitig respektiert und unterstützt hätten, würden Pandemien wie Covid-19 uns nicht zwangsläufig in maßlose Aufregung versetzen. »Die Welt, die wir heute sehen, wie sie ist, beunruhigt mich sehr ...« Deine Aussage teile ich voll und ganz.

Ich befürchte, auch in meiner Sprache gibt es keine adäquate Übersetzung für die Bezeichnung ›die Ewiggestrigen‹ ...

»Früher war ...«, dürfte global eine übliche Redensart sein. Ich habe den Eindruck, dass viele Menschen die Veranlagung in sich tragen, sich nach der ›guten alten Zeit‹ zu sehen. Möglicherweise hat es damit zu tun, dass Menschen das Neue nicht schnell annehmen können oder keine Besserung stattfinden würde. Wenn ich das mit der Geschichte meines Landes in Verbindung bringe, kann ich keine Zeitspanne ausmachen, auf die die Bezeichnung »Früher war es besser« zutreffen würde. Wechselnde Besatzungen, Unterdrückung, Kriege und den Tod von zehntausenden Menschen musste das eritreische Volk ertragen.

»Früher war …« findet vielleicht aber auch deshalb mehr Anklang, weil die Tradition immer mehr verloren geht. Es gibt auch jene, die die Tradition bewahren, ihre Sichtweisen nicht ändern und in der Vergangenheit leben wollen.

Auch wenn das Ausmaß nicht sonderlich überwältigend ist, kann ich deutlich feststellen, dass in meinem kleinen Land Ausgrenzung und Diskriminierung von Menschen aufgrund ihrer ethnischen Zugehörigkeit oder Religion nicht unüblich sind. Besonders heute in Zeiten von Social Media, wo jeder seine Meinung hemmungslos verbreiten kann, kommt es mir so vor, als käme das verstärkt zum Vorschein.

»Gab es in deinem Leben eine besondere Zeit oder Situation, in der eine Überzeugung oder Sache auseinanderging, an die du geglaubt hast oder als selbstverständlich genommen hattest?« Über diese Frage musste ich sehr viel nachdenken. Ich sehe, wie meine Wünsche dahinsterben, wie meine Träume verdampfen. … Du hast mich an vergangene Zeiten erinnert. Als ich Schülerin der Sekundarstufe war, hatte ich die Sehnsucht und den Wunsch, nach dem Abschluss meiner Schule meine nationale Pflicht zu erfüllen, den Beitrag einer ordentlichen Staatsbürgerin zu leisten, um anschließend als freie Bürgerin leben zu können. Daran erinnere ich mich mit Wehmut. Meinen unschuldigen Traum, wie soll ich den vergessen!

Im Jahr 2001, in dem ich die Sekundarschule abschloss, fanden in Eritrea mehrere große Ereignisse statt. Offene Forderungen nach einer Machtübergabe an das Volk, Einführung der Verfassung, Einhaltung von Gesetzen … Viele solcher Fragen wurden laut und öffentlich gestellt. Was darauf folgte, war die Verhaftung zahlreicher Menschen, die höchste Ämter bekleideten, darunter die Minister. Alle privaten Zeitungen wurden geschlossen; ihre Herausgeber wurden entführt. Kurz danach wurde die einzige Universität geschlossen. Es war der Moment, an dem ich begann zu verstehen, dass alles nicht so war, wie ich es mir vorgestellt hatte. Im Gegenteil: Entgegen meines naiven Traums wurden mir aufgrund des *National Service* meiner Inhaftierung 15 Jahre meines Lebens geraubt. Darauf folgte meine Flucht, was niemals in meinem Gedanken einen Platz gehabt hatte.

Wie du schon sagtest, können Menschen, die vor einem faschistischen und unterdrückerischen System fliehen, meistens nicht in ihr Heimatland zurückkehren. Es ist naheliegend, dass der Bruch mit Tradition und Sprache kaum zu vermeiden ist. Eine völlige Veränderung gibt es auch.

Mein jüngster Bruder war dreizehn Jahre alt, als ich verhaftet wurde. Danach schloss er die Sekundarschule ab, erhielt sein Militärtraining im Rahmen des verpflichtenden *National Service*, studierte am College, wurde zum Dienst eingeteilt. Beim *National Service* ist nur der Beginn bekannt, aber nicht, wann er endet. Mein Bruder versuchte das Land über die Grenzen zu verlassen; er wurde jedoch verhaftet. Nach seiner Freilassung aus dem Gefängnis ging er wieder über die Grenze. Über die gefährliche Route durch die Sahara, über Libyen und das Mittelmeer gelangte er nach Europa. Ein Schicksal, das mein Bruder mit zehntausenden jungen Leuten aus Eritrea teilt, die nur so in die sicheren westlichen Länder gelangen können.

Erst 2019, nach elf Jahren, traf ich meinen Bruder wieder in England. Er hatte sich völlig verändert. Hätte ich davor sein Foto nicht gesehen, hätte ich ihn überhaupt nicht wiedererkannt. Für mich hat er sich auf der ganzen Linie verändert: sein Aussehen, wie er spricht, sein Verhalten. Er war ein Kind, als ich ihn kannte. Aus ihm war ein Mann geworden, als ich ihn wiedertraf. Dagegen blieb unser anderer Bruder, der seit über 13 Jahren in England lebt, genau so, wie ich ihn vor 15 Jahren kannte – abgesehen von den Veränderungen des Alters.

Ich habe gehört, dass in Deutschland verschiedene Literaturfestivals stattfinden. Deinem Brief entnehme ich, dass du auf einigen der Literaturfestivals als Teilnehmerin, Organisatorin und Autorin dabei warst. Für die Autorinnen und Autoren, die sich als Personen nicht bekannt sind, ist es sicher eine gute Gelegenheit, sich zu treffen und auszutauschen. Was unterscheidet eigentlich ein Literaturfestival von einer Buchmesse? Welche Aktivitäten stehen auf einem Literaturfestival im Vordergrund?

Na dann, meinen ersten Brief beende ich mit diesen Gedanken, die mich beschäftigt haben:

Um das Corona-Virus zu bekämpfen, vermieden wir in unserem Alltag viele Sachen, oder haben neu eingeführt. Glaubst du, wir kehren zurück zum Gewohnten, wenn diese Pandemie unter Kontrolle gebracht ist? Zum Beispiel zur gegenseitigen Begrüßung, zur Umarmung, zum gewohnten sozialen Leben? Denkst du, wir machen weiter, wo wir aufgehört haben? Oder werden Veränderungen in unserem Leben zu verzeichnen sein?

Ich wünsche dir eine schöne Woche. Frieden und Gesundheit seien mit dir!

Yirgalem

2

Liebe Yirgalem,

Corona hat unser aller Zeitgefühl verändert, glaube ich;
manchmal kommt es mir so vor, als hätte unsere Begegnung
in einem anderen Jahrzehnt stattgefunden, so weit von unserer Gegenwart entfernt – wie meine Teenager-Zeit in den 80er
Jahren. Damals war ich grundsätzlich optimistisch, trotz der
Furcht vor einem Atomkrieg, die mir hin und wieder durchaus im Genick saß; ich sagte mir, dass doch sicher die Vernunft
siegen würde und weder Russen noch Amerikaner letztendlich
auf den sprichwörtlichen roten Knopf drücken würden. Es gab
zwar schon die Grünen im Parlament, aber die Bedeutung von
Umweltschutz war mir noch nicht sehr bewusst, geschweige
denn, dass wir keine Atomraketen brauchen, um unseren
Planeten zugrunde zu richten. Als letztes Jahr die *Fridays For
Future*-Bewegung weltweit demonstrierte, war ich gleichzeitig
beeindruckt und ein wenig beschämt von diesen Jugendlichen,
weil ich in dem Alter längst nicht die Voraussicht gehabt hätte.

Ein Element in dem Eremitenleben, das ich nicht nur coronabedingt in den letzten Monaten geführt habe, ist allerdings
vertraut. Wenn ich an einem Roman schreibe, ziehe ich mich
für gewöhnlich immer, so gut es geht, zurück. Da ich mit meiner
Recherche für mein nächstes Projekt schon sehr weit war, und
im März die letzten Wochen, in denen die Bibliotheken noch
offen waren, nutzte, um noch so viele Quellen wie möglich zu

lesen und zu exzerpieren, konnte und kann ich die Zeit jetzt kreativ nutzen. Auch deswegen ist mein Zeitgefühl etwas durcheinander; ich stecke bereits fast vierhundert Manuskriptseiten lang im 18. Jahrhundert. Nur einen Teil meiner Recherche konnte ich leider nicht erledigen: den Besuch der wichtigsten Handlungsorte. Ich hoffe jedoch darauf, das diesen Sommer nachholen zu können.

Weißt du inzwischen, ob du deine Touren zumindest innerhalb der EU weiterführen wirst, wenn in ein paar Wochen das europäische Reisen wieder möglich sein wird?

Als die Beschränkungen gelockert wurden, besuchte ich meine Eltern in meiner Heimatstadt Bamberg. Aber natürlich war und bin ich die ganze Zeit per Telefon, E-Mail, Skype mit ihnen in Kontakt. Du hingegen warst wahrscheinlich im Ungewissen, wie es deinen Eltern in Eritrea geht. Obwohl: Ich habe einen Bekannten in Tansania, und er konnte uns bisher noch hin und wieder per WhatsApp kontaktieren. Allerdings ist Tansania ja (noch) keine Diktatur.

Da ich von Berufs wegen viel sitze, versuche ich es immer durch lange Spaziergänge auszugleichen. Ich hatte dir ja ein paar Bilder von Schloss Nymphenburg und dem Schlosspark geschickt, das war ein solcher Spaziergang, den ich ohne Corona wohl nicht gemacht hätte, denn ich wohne in einem ganz anderen Stadtviertel, und halte mich gewöhnlich an den Englischen Garten und das Isarufer. Einmal bin ich auch bis zur Allianz-Arena in Gräfelfing hinausgelaufen. Dort finden sonst die Fußballspiele statt; da ich kein Fan bin, war ich tatsächlich vorher noch nie dort. Man kann das überraschend lange rein im Grünen tun, immer die Isar entlang und dann irgendwann links bis zum Gräfelfinger Berg, ein künstlicher Hügel, der früher mal eine Abfalldeponie war und jetzt ein grünbewachsener Aussichtspunkt.

Von dort aus hat man einen guten Blick auf den riesigen weißen Reifen, den unser Heinrich Peuckmann, der Generalsekretär des PEN und ein lieber Freund von mir, halb im Scherz, halb Ernst als »das Hauptquartier des Feindes« bezeichnet hat. Als Dortmunder lebt und atmet er Fußball, und unser hiesiger Verein, Bayern München, ist die böse und kapitalgewaltige Konkurrenz seines heimatlichen Vereins. Schreiben, spazieren gehen, über das Netz mit Familie und Freunden kommunizieren, ab und zu über Skype interviewt werden, und hin und wieder ein Gedicht oder einen kurzen Prosatext zu rezitieren und in den sozialen Medien hochzuladen: Das waren und sind so meine Beschäftigungen.

Zum Jahrestag der Bücherverbrennung am 10. Mai 1933 sollte in München eigentlich wie jedes Jahr ein ganztägiger Lesemarathon stattfinden. Dabei werden die Texte von Autoren vorgelesen, deren Werke von den Nazis seinerzeit verbrannt wurden, an einem der Orte, an dem es geschehen ist, dem Königsplatz, um die verfolgten Autoren zu ehren und daran zu erinnern, was ihnen angetan wurde. Dieses Jahr war das natürlich in der Form nicht möglich, aber die Teilnehmer, darunter auch ich, nahmen ihre Rezitation per Film auf, und alle Beiträge wurden schließlich auf einer Website gesammelt und am 10. Mai freigeschaltet. Ich bin froh, dass es solche Wege gibt, aber das Gleiche wie eine Lesung vor Publikum ist es einfach nicht.

Yirgalem, ich vermisse es, Menschen vorzulesen, die sich mit mir im selben Raum befinden. Das letzte Mal tat ich das Anfang März, und ohne die Pandemie hätte ich es in diesem Frühjahr noch sehr oft getan. Einige der Termine sind in den Herbst verschoben, doch wer weiß, ob sie dann stattfinden; ich hoffe es. Das Vorlesen ist ein kommunikativer Akt für mich, nicht nur wegen der Fragen hinterher, sondern auch, weil ich dabei spüre, wie die Menschen auf das reagieren, was ich geschrieben habe. Ich denke, dir wird es mit deinen Auftritten ähnlich gehen.

Du fragst mich, wann ich das erste Mal von Eritrea gehört habe. Das war auch im Zusammenhang mit dem Zweiten Weltkrieg, Unterabteilung italienische Kriege in Afrika, also in meiner Schulzeit in den 80er Jahren, als ich von so wenig Ahnung hatte, während ich gleichzeitig glaubte, schon so viel zu wissen. Von der Gegenwart deiner Heimat habe ich erst etwas erfahren, als ich PEN-Mitglied wurde, und auch da nur, dass nur Nordkorea einen tieferen Rang einnimmt, was den Stand der Pressefreiheit betrifft. Du bist nicht nur die erste eritreische Schriftstellerin, sondern überhaupt die erste Eritreerin, die ich kennengelernt habe.

Was du mir erzählst darüber, dass dein Buch von 2008 immer noch in der Zensur-Abteilung liegt, und dass es, selbst, wenn es erschiene, nur in einer völlig veränderten Form erscheinen könnte, wobei potentielle Leser nicht einmal wissen, was alles verändert wurde: Das ist wirklich der Albtraum jeder und jedes Schreibenden! Übrigens nicht nur auf Diktaturen beschränkt. In einer harmloseren Form begegnete mir das Phänomen erst wieder bei meiner Recherche für meinen neuen Roman. Ich las dafür im Vorfeld viele Memoiren, die in der zweiten Hälfte des 18. Jahrhunderts verfasst wurden. Dabei fiel mir in einem Fall irgendwann auf, dass eine modernere Biographie meiner Hauptfigur Stellen in den Memoiren eines Zeitgenossen zitierte, die ich dort nicht gefunden hatte. Ich überprüfte das noch einmal, und am Ende stellte sich heraus, dass es sich bei dem Exemplar der Memoiren, die ich in der Bayerischen Staatsbibliothek gelesen hatte, um eine erstens von fünf Bänden auf zwei gekürzte, und zweitens radikal umgeschriebene Fassung aus dem neunzehnten Jahrhundert handelte. Nicht eigentlich aus Zensurgründen, sondern, weil der Herausgeber, der die 19. Jahrhundert-Fassung erstellt hatte, meinte, seinen Lesern all die Emotionalität und Weitschweifigkeit des Originals nicht mehr zumuten zu können.

Ganz krass wird es, wenn ein Autor oder eine Autorin, die bereits tot ist, als Name wie ein Markenzeichen benutzt wird. In den 1980er und 1990er Jahren gab es eine amerikanische Autorin namens V.C. Andrews, die ein paar sehr erfolgreiche Psychothriller veröffentlichte und dann relativ jung starb. Weil ihre Familie aber nicht auf den Profit verzichten wollte, ließ sie ihren Namen als ›Trademark‹ eintragen und beschäftigte Ghostwriter, um unter dem Namen V.C. Andrews weiter Romane zu veröffentlichen. Irgendwo ganz klein ist vermerkt, dass die Frau tot ist, aber der Name steht noch Jahrzehnte nach ihrer Beerdigung auf endlos neu geschriebenen Büchern. Ich finde das eine entsetzliche Vorstellung. Zwischen uns Autoren und den Lesern sollte ein Vertrauenspakt bestehen – das, was sie von uns lesen, mögen sie ablehnen, billigen oder wunderbar finden, aber sie sollten sich darauf verlassen können, dass die Veröffentlichung von uns stammt und genau das ist, was wir veröffentlichen wollten.

Du kommst vom Journalismus, ich von der Fiktion. Ganz ehrlich, das letzte Jahr hat mich in der Überzeugung bestärkt, dass unsere Realität unbedingt einen guten Lektoren braucht, weil wir Romanautoren niemals mit dieser Häufung an Kalamitäten durchkämen. Der Aufstieg rechtsextremer autoritärer Politiker überall auf der Welt, eben nicht nur in Diktaturen, sondern oft genug demokratisch an die Macht gewählt, die meisten von ihnen Klimawandelleugner und Gegner einer ordentlichen Krankenfürsorge, und just zu diesem Zeitpunkt schlägt eine Pandemie überall in der Welt zu? Der Präsident der USA lässt Tränengas in eine friedlich gegen Rassismus und Polizeigewalt demonstrierende Menge feuern, um ein Foto von sich vor einer Kirche machen zu können? Zu viel. Einfach zu viel. Ich habe 2004 einen Roman veröffentlicht, in dem ebenfalls ein Virus eine Pandemie auslöst, aber das kann ich dir sagen, Präsidenten wie Trump oder Bolsonaro, oder Premierminister wie Johnson zu erfinden, das hätte ich mich nie getraut. Das wäre mir als viel zu übertriebene, einseitige Karikatur ausgelegt worden. Yirgalem, ich warte darauf, dass die Realität endlich wieder einem einigermaßen plausiblen Plot folgt.

Mit vierzehn nahm ich an einem Schüleraustausch teil, bei dem erst amerikanische Schüler sechs Wochen bei einer deutschen Gastfamilie und dann deutsche Schüler sechs Wochen bei einer amerikanischen verbrachten. Ronald Reagan war damals Präsident und steckte im Wahlkampf um seine Wiederwahl. Für uns in Deutschland galt er als eine etwas lächerliche Figur, aber in Amerika war er ungeheuer populär, auch bei den Jugendlichen meines Alters, und überall wehte die Flagge, noch vom kleinsten Haus, jedes Auto hatte einen patriotischen Aufkleber irgendwo: Das war mein erster Eindruck davon, wie anders dieses Amerika war als das, was ich aus dem Fernsehen kannte. Dabei war mein Aufenthalt damals insgesamt sehr schön. Meine Gasteltern waren sehr nett, das Städtchen, in dem ich untergebracht war, befand sich am Lake Erie in New York State, einem der großen amerikanischen Seen, so groß, dass es sich um ein Binnenmeer handelt, und mein Englisch verbesserte sich immens. Es gab sehr viel, das ich an vielen Amerikanern bewunderte: Ihre Spontanität und ihre herzliche Gastfreundschaft zum Beispiel.

Was du in deinem Brief darüber schreibst, wie es in deiner Heimat selbstverständlich ist, bei einem gemeinsamen Essen nicht nur für einen geplanten Gast, sondern auch für einen zufällig anwesenden Bekannten die Kosten zu übernehmen, das erinnert mich an die USA, wie ich sie damals, und auch später noch, erlebte. Wohingegen wir in Deutschland mehr zum ›Jeder zahlt für sich‹-Prinzip neigen, es sei denn, man lädt jemanden explizit zum Essen ein. Aber die Kehrseite war damals schon, dass viele der Amerikaner, denen ich begegnete, in einem Maß konservativ und von der Überlegenheit ihres Landes überzeugt waren, wie ich es auch als eher unpolitischer Teenager befremdlich fand. Im Rückblick betrachtet, war die damalige Situation der Grundstein, aus dem der heutige Irrsinn hervorgehen konnte. Und natürlich war ich ein weißes Mädchen. Ein schwarzer Junge hätte nicht nur die USA der 80er, sondern auch meine Heimat ganz anders erlebt. Ich glaube, mir wurde als Jugendliche das erste Mal erst richtig bewusst, dass Rassismus in meiner Gegenwart existierte, nicht bloß in der Vergangenheit, als eine Bekannte einen schwarzen Basketballspieler heiratete. Die Reaktion einiger Menschen darauf ließ es mir wie Schuppen von den Augen fallen.

Wie sind deine Erfahrungen damit, seit du hier bist? Und die deiner fünf Geschwister, die in verschiedenen Ländern leben?

Du fragst mich nach Literaturfestivals: Ja, sie sind etwas anderes als eine Buchmesse, weil die Buchmessen in erster Linie dazu da sind, dass die Verlage miteinander um Rechte verhandeln und ihr Verlagsprogramm für das nächste halbe Jahr anpreisen, und die Lesungen dabei das Rahmenprogramm darstellen, nicht den Hauptgrund. Bei einem Literaturfestival dagegen stehen die Lesungen im Mittelpunkt, und es gibt keine Verkaufsverhandlungen zwischen Verlegern, Agenten und Buchhandlungsketten, wie sie bei einer Messe zentral sind. Das Festival, an dessen Organisation ich beteiligt bin, findet im Februar in meiner Heimatstadt Bamberg statt. Ob es im nächsten Jahr wieder dazu kommt, steht coronabedingt natürlich in den Sternen. Aber ich bin schon ein wenig stolz darauf, was wir in den letzten vier Jahren geschafft haben, denn es fand über einen Zeitraum von fast drei Wochen statt und war eigentlich bei fast jeder Veranstaltung gut besucht, also nicht nur bei ein oder zwei Lesungen, sondern bei 95 Prozent des Programms.

Da ich als Autorin außerhalb von Festivals schon alles Mögliche erlebt habe – Lesungen, bei denen 200 Leute kamen, Lesungen, bei der nur eine einzige Zuhörerin erschien, die ich dann zum Kaffee einlud, habe ich natürlich mal eine Buchhändlerin gefragt, warum Literaturfestivals mehr Menschen anziehen als ›normale‹ Lesungen. Ihre Antwort: »Es liegt am Eventcharakter«. Damit meinte sie: Festivals erzeugen eine gewisse Stimmung, und sie erscheinen einmaliger. Die Menschen denken, wenn sie jetzt nicht zu der Lesung gehen, werden sie diese Autorin, oder diesen Autoren so schnell nicht wieder erleben. Weil es eine ganze Kette von Veranstaltungen ist, wird jeden Tag in der Stadt irgendwo von Literatur geredet, und sie hören darüber, dass dieses Festival stattfindet. Fazit: In einer Zeit, in der die gesamte Buchhandlungsbranche schon vor der Pandemie eine Krise erlebte, waren Festivals wirklich eine gute Chance für uns Autoren, neue Leser zu gewinnen und uns auch untereinander kennenzulernen. Ich kann nur hoffen, dass sie, wenn auch gewiss in einem kleineren, sicheren Rahmen, weiter möglich sein werden. Was uns danach an veränderten Gewohnheiten bleiben wird? Die Masken, denke ich, werden sich noch eine ganze Weile halten, auch wenn gegen Covid-19 ein Impfstoff gefunden wird. Das Händeschütteln hat so schnell gewiss kein Comeback. Umarmen und das Küssen als Begrüßung dagegen sehe ich zumindest bei guten Freunden und Familie als etwas, zu dem die Menschen zurückkehren werden. Was meinst du?

Bleib gesund, und sei gegrüßt.

Tanja

Liebe Tanja,

wie geht es dir? Ich hätte nie gedacht, dass wir uns für so lange Zeit nicht wiedersehen würden, obwohl wir in derselben Stadt leben. Wie du dir vorstellen kannst, bin ich als PEN-Stipendiatin und Flüchtling noch nicht wirklich eingerichtet. Ich besitze leider noch keine Utensilien für die Zubereitung der eritreischen traditionellen Kaffeezeremonie, zu der ich dich mit großer Freude zu mir nach Hause eingeladen hätte, statt dich in einem Restaurant zu treffen. Mit einem selbst zubereiteten Zigni Derho (einem traditionellen Gericht) und einer traditionellen Kaffeezeremonie empfängt man in meiner Tigrinya-Kultur die Gäste, die man ehrt. Ich hoffe, dass wir in nicht allzu langer Zeit dazu kommen werden.

Während ich dir schreibe, beschäftigen mich noch die lächerlichen Äußerungen des äthiopischen Ministerpräsidenten und Friedensnobelpreisträgers von 2019, Abiy Ahmed (die Verleihung des Preises betrachte ich als ein unverdientes Geschenk an ihn), die dazu führten, dass mein Land wieder zu einem Gesprächsthema geworden ist. So erklärte er, nachdem er in Eritrea ein Militärcamp besucht hatte, in dem auch Minderjährige eine militärische Ausbildung erhalten: »Der eritreische Staat arbeitet für den Frieden, das weiß nicht nur Äthiopien, sondern auch die ganze Welt.« Oft sind Witze erheiternd, dennoch kann ich über solche Äußerungen nicht lachen, sondern nur verwundert und verärgert reagieren.

Die Welt kennt mein Land als einen Produzenten von Flüchtlingen, als eine Grabstätte für seine lebend mundtot gemachten Bürgerinnen und Bürger, für zehntausende Gefangene und für seine Menschenrechtsverletzungen. Seit 30 Jahren wird das Land bereits von einem Despoten regiert, der statt Frieden mit seinen

Nachbarn regelmäßig Kriege anzettelt. Dass mein Land für so etwas bekannt ist, tut mir weh. Aber das ist die Wahrheit. Dass die Aussage des äthiopischen Ministerpräsidenten eine Lüge ist, das weiß eigentlich die ganze Welt und natürlich auch Äthiopien als unmittelbar beteiligtes Nachbarland. Dem äthiopischen Ministerpräsidenten, dem Dämon in meinem Land (die Person, die bei uns als »Präsident« bezeichnet wird) und noch viel mehr den Bürgern Eritreas ist klar, dass dies nicht der Fall ist. Da kam mir der Gedanke, dass das Kommitee, das ihm den Friedensnobelpreis verlieh, obwohl er nichts geleistet hatte, sich wohl durch seine verdrehte Sichtweise der Welt hat mitprägen lassen. Er sieht Frieden, wo es keinen gibt. Daraus kann ich nur schlussfolgern, wie dieser Mann ein Beispiel dafür ist, dass ein unverdienter Preis das Denkvermögen und die Wahrnehmung verzerren kann.

Lass mich zum eigentlichen Inhalt deines Briefes zurückkehren:

Ähnlich wie du bin ich in der jetzigen Corona-Zeit bei vielen meiner Tätigkeiten stark eingeschränkt. Ich war hauptsächlich mit digitalen Treffen, Interviews und Lesungen beschäftigt. Einige Gedichte und Kurzgeschichten konnte ich in den sozialen Medien veröffentlichen. Nach dem Ende des Lockdowns reiste ich erstmals nach Kamen, wo der Generalsekretär von *PEN Deutschland*, Heinrich Peuckmann, wohnt. Ich war dort für eine Lesung eingeladen, bei der ich Gedichte und Kurzgeschichten präsentierte. Für die Stücke, die ich in Tigrinya vortrug, gab es eine Übersetzung ins Deutsche. Mit Heinrich, Regula Venske (PEN-Präsidentin Deutschland), Leander Sukov (Vize-Präsident), Simone Barrientos und anderen haben wir eine schöne Zeit verbracht, was ich sehr vermisst hatte.

Was für mich neu war und mich nachdenklich stimmte, war, dass die Lesung in einer Kirche stattfand. Auch wenn ich mich für religiöse Angelegenheiten nicht sonderlich interessiere und engagiere, musste ich feststellen, dass das, was ich beobachtete, für mich keine gewöhnliche Situation war. Seit ich hier bin, war ich in sehr vielen Kirchen. Meine Faszination für die Bauten war für mich mehr als nur irgendein Erlebnis. Ein Gotteshaus als Veranstaltungsort für Lesungen zu sehen, hat bei mir Begeisterung und Staunen ausgelöst. Darüber möchte ich später ausführlich schreiben.

»Als letztes Jahr die Fridays-For-Future-Bewegung weltweit demonstrierte, war ich gleichzeitig beeindruckt und ein wenig beschämt«, hast du mir geschrieben. Meinerseits habe ich Neid gespürt. Bewusst oder unbewusst bringe ich jede Aktion mit meinem Land in Verbindung. Diese Sichtweise prägt sich bei mir mit der Zeit immer stärker aus.

Im Jahr 2018, als es mir gelang, aus meinem Land zu fliehen, fand ich Schutz in Uganda. Freunde schickten mir einen Laptop, mit dem ich in eine Werkstatt ging, um ihn einrichten zu lassen. Ein Eritreer, der den Besitzer kannte, schickte mich dorthin. Ich hatte einen älteren Eigentümer erwartet. Es war jedoch ein junger Mann, wahrscheinlich etwas jünger als ich. Im Gespräch erzählte ich ihm beiläufig, dass ich ihn mir nicht so jung vorgestellt hatte. Er brachte mich in einen Raum, wo im Fernseher eine Rede des französischen Präsidenten Emmanuel Macron übertragen wurde. »Schau hin« sagte er, »wenn dieser junge Mann ein Land regiert, kann ich doch nicht zu jung sein, um einen Betrieb zu führen.« Er hatte Recht. Aber meine Überlegung war nicht grundlos. Ich erzählte ihm, dass ich in meiner Heimat noch nie junge Menschen gesehen hatte, die ihr Leben selbst bestimmen konnten, geschweige denn einen eigenen Betrieb oder gar ein Land zu führen. Nachdem wir uns über unsere weit auseinanderliegenden Welten – trotz der regionalen Nähe – unterhielten, zeigte er mir sein volles Mitgefühl und seine Solidarität, indem er mir einen kostenlosen dreimonatigen Englisch- oder Französisch-Kurs in seinem Betrieb anbot.

Wie bereits erwähnt, fühle ich Neid, wenn ich die Schülerbewegung *Fridays for Future* sehe. Schüler in meiner Heimat sind so eingeschränkt, dass sie nicht einmal frei über ihr Land nachdenken können, geschweige denn, sich auf internationalem Parkett Gehör verschaffen. Sie haben nicht einmal die Freiheit, die Richtung ihres eigenen Lebens selbst zu bestimmen. Alle Schülerinnen und Schüler werden gezwungen, nach der 11. Klasse ins Militärtraining zu gehen. Erst danach können sie die 12. Klasse besuchen. Natürlich in dem Camp, wo das Militärtraining auch stattfindet. An diesem Ort nehmen sie ebenfalls an der Abschlussprüfung der Sekundarstufe teil. Die meisten fallen durch und gehen in den Militärdienst, dessen Ende nicht absehbar ist. Nur sehr wenige mit guten Noten können ins College gehen. Aber auch sie haben nicht die Möglichkeit, an einer Universität zu studieren. Denn die einzige Universität des Landes wurde schon 2006 geschlossen.

Im Jahre 2001 stellten die Studenten der Universität in Asmara Forderungen, welche die Regierung (wobei ich der Meinung bin, dass es in meinem Land keine Regierung gibt. Das Wort ›Regierung‹ benutze ich lediglich für unseren Kommunikationszweck) so sehr empörten, dass sie alle Studentinnen und Studenten zum entfernten Wüstengebiet Wia deportierten. Dort wurden sie für 40 Tage wie Häftlinge festgehalten. Der Ort gilt als eine der heißesten Regionen des Landes. Die Regierung hatte keine Vorbereitungen getroffen, um die Studenten unterzubringen. Wegen der Hitze starben zwei Studenten. Andere verloren dort den Verstand. Die einzige Universität, die wir hatten, wurde kurz danach geschlossen. Mit der Schließung der einzigen Universität wurde die Chance genommen, die Träume vieler zu verwirklichen und Vorbilder für die nächsten Generationen zu sein. Viele haben das Land verlassen. Im Bildungssystem Eritreas hinterließ dies eine Narbe, die niemals geheilt und vergessen werden kann.

Ist dir schon aufgefallen, dass meine Erzählungen alle nur von Problemen handeln? Dass meine Erfahrungen nur darauf beschränkt sind, stimmt mich sehr traurig. Wenn ich versuche, mich über etwas anderes zu unterhalten, merke ich, dass ich nicht lange durchhalte. Das führt dazu, dass ich denke, dass ich der Welt außerhalb meiner Realität fremd bin. Ich bin aufgewachsen in einem Land abseits der Weltgemeinschaft. Ich weiß nicht, ob Nichteritreer sich vorstellen können, wie ein Mensch viele Jahre in einer kleinen Zelle von zwei auf zwei Meter überleben kann. In meiner Heimat macht es kaum einen Unterschied, ob man in einer Zelle eingesperrt wird oder außerhalb der Zelle auf der Straße unfrei ist. Aspekte, die dich besonders interessieren, erläutere und vertiefe ich gerne.

Während meiner vielen Reisen durch europäische Städte, um meine Bücher vorzustellen und von meinen Erfahrungen zu erzählen, begegnete ich vielen Landsleuten, die ähnliche Schicksale erlebt haben. Wie du bereits weißt, handeln meine Erzählungen von Inhaftierung und Verzweiflung. Ich bin immer verwundert, wie sie still und gespannt zuhörten. »Meine Erfahrungen waren nicht schlimmer, als das, was ihr durchgemacht habt. Warum redet oder schreibt ihr nicht darüber?«, frage ich sie immer. Es ist dennoch sehr selten, dass Menschen aus Eritrea offen über ihre Erfahrungen erzählen. Wir haben eine Redewendung, die sinngemäß lautet: »Iss lieber Grünkohl, statt deine nackten Schultern zu zeigen.« Die Sichtweise hat sich heute zwar etwas geändert, aber viele Menschen behalten es lieber für sich, statt ihre Probleme offenzulegen. Kurz gesagt, man soll alles im Stillen ertragen. Ich allerdings bevorzuge das Sprichwort: »Wer seine Wunde versteckt, versteckt sein Heilmittel.« Diese Redewendung benutze ich gerne in meinen Erzählungen. Damit möchte ich ausdrücken, wie wichtig es ist, über seine Erfahrungen laut zu sprechen, denn nur so können wir Lösungen finden.

Meine letzte Veranstaltung war in Zürich am 8. März 2020, dem Internationalen Frauentag, kurz vor dem Lockdown. Auch wenn ich mir das Datum nicht bewusst ausgesucht habe, versuchte ich, meine Themen daran anzupassen. Ich habe Geschichten von Müttern erzählt, mit denen ich im Gefängnis war, die über zehn Jahre inhaftiert waren. Diese Geschichten gehen mir bis heute tief unter die Haut. Ich hoffe, meine Reisen fortsetzen zu können, wenn die Normalität wiederkehrt. Mein Plan ist vor allem, das in Belgien gestrichene Programm bald nachholen zu können.

Im letzten Monat hat mich viel Kraft gekostet, mein Buch über die Erfahrungen und Erinnerungen im Gefängnis abzuschließen. Meine erste Aufgabe bestand darin, alle meine Gedanken auf Papier zu bringen, was mir zunächst gut gelang. Ich wurde damit sogar schneller fertig als gedacht. Es werden etwa 300 Seiten sein. Immer wieder muss ich über das Manuskript gehen, damit ich nicht etwas Wichtiges übersehen habe. Anschließend geht es zum Lektorat. Kannst du dir vorstellen, dass es mir schwerfällt, zu entscheiden, wann ich das Buch veröffentlichen werde? Denn viele der Charaktere, die in meinem Buch vorkommen, sind noch in Eritrea im Gefängnis, wo ich einst inhaftiert war. Ich kann einfach nicht über die möglichen Konsequenzen und Repressalien, die ihnen drohen könnten, hinwegschauen und das Buch publizieren. Überlege mal: Ich bin jetzt in Sicherheit, habe die Freiheit zu tun und zu schreiben, und dennoch spüre ich weiterhin die Fesseln des Regimes meiner Heimat.

Nichtsdestotrotz freue ich mich über die Beendigung meines Buches. Der Lockdown hat dazu geführt, dass ich ziemlich produktiv war. Wenn es mir langweilig wird, telefoniere ich mit meinen Freunden im Ausland. Nachdem ich den ganzen Tag zuhause saß, gehe ich am Abend für etwa zwei Stunden spazieren. Neben dem gesundheitlichen Vorteil haben mir die Bewegungen viel geholfen, meine Umgebung besser kennenzulernen. Ich bin abwechselnd in alle Himmelsrichtungen losgelaufen und erkunde so meine Umgebung.

Nachdem du mir die Fotos und die Adressen von Schloss Nymphenburg geschickt hast, besuchte ich tatsächlich das Schloss, das sich unweit von meinem Wohnort befindet. Als neue Anwohnerin hatte ich anfangs alles durcheinandergebracht. Dank Carlos Collado Seidel, des früheren Vorsitzenden von *PEN*

Deutschland, habe ich einige Sehenswürdigkeiten kennenlernen können – wie den Englischen Garten, Kirchen, Museen und eine Universität. Damals, als ich mit dem Einleben noch beschäftigt war, war ich zwar von den Eindrücken begeistert, aber ich konnte mir viele wichtige Informationen nicht merken. Deshalb habe ich mir auch vorgenommen, die Sehenswürdigkeiten noch einmal zu besuchen.

Dein Hinweis, dass nämlich nicht nur autoritäre Regime, sondern auch der Markt einen Anteil daran haben kann, die Feder und die Stimme von Autorinnen und Autoren zu vereinnahmen oder sie zu manipulieren, finde ich treffend erfasst. Die Geschichte der jung verstorbenen amerikanischen Autorin und das grauenvolle Verhalten ihrer Familie hat mich erschüttert.

Wenn die Brücke zwischen Autoren und Lesern durch Zensur und Eigennutz kontrolliert wird, bedeutet das einen Bruch der Beziehungen – du hast vollkommen Recht! Um diese Brücke aufrechterhalten zu können, zahlen Autoren, die in wenig entwickelten Ländern und unter undemokratischen Regimes leben, einen hohen Preis – mitunter ihr Leben.

Mein journalistischer Beruf hat sich vor allem durch praktische Erfahrung entwickelt. Beim Radiosender des Bildungsministeriums arbeitete ich als Reporterin und Moderatorin. Es war das einzige Bildungsprogramm, das außerhalb der Kontrolle des Informationsministeriums stand. Die Hintergründe meiner Anstellung dort waren meine Ausbildung als Lehrerin sowie meine langjährige Tätigkeit als Schriftstellerin. Der Sender wurde mit der Verhaftung der Mitarbeiter am 19. Februar 2009 geschlossen. Meine eigentliche Neigung galt im Grunde schon immer dem Schreiben von Gedichten, Kurzgeschichten und kurzen Essays.

Letztes Jahr war ich in Großbritannien, als die heiße Phase des Wahlkampfes lief. Viele meiner Landsleute dort waren von der Rhetorik und den unausgewogenen Ansichten von Boris Johnson verängstigt und hofften, dass er die Wahl nicht gewinnen würde. Er hat jedoch gewonnen. Erneut konnten wir sehen, wie Personen mit unausgewogenen Ansichten durch demokratische Wahlen an die Macht kommen können. Ein in England lebender Eritreer erzählte mir: »Alle Engländer, mit denen ich die Gelegenheit hatte, mich über die Wahlen zu unterhalten, sagten, dass sie die Ansichten von Johnson nicht unterstützten, und ihn sogar verabscheuten. Wenn das tatsächlich der Fall ist, wer hat dann Johnson gewählt?« Eine berechtigte Frage, die wir in vielen Orten der Welt genauso stellen könnten. Vermutlich gibt es ausreichend Menschen, die nicht davor zurückschrecken, im Verborgenen eine furchtbare Entscheidung zu treffen. Auch wenn sie dies nicht offen zugeben wollen oder können. Anders ausgedrückt, wir möchten uns zwar alle nach außen als Gerechte darstellen, aber wir können dies nicht immer in die Tat umsetzen.

Lass mich abschließend auf die Frage eingehen, die du nach meinen Erfahrungen in Bezug auf meine Hautfarbe, damit zusammenhängende Diskriminierung, gestellt hast. Ich komme aus einer konservativen Gesellschaft. Dort gelten kulturelle und regionale Unterschiede als große Hindernisse für Eheschließungen. Mittlerweile gibt es zum Glück viele Veränderungen, die mich mutig stimmen. Trotzdem wage ich nicht zu behaupten, dass diese Traditionen und Vorurteile überwunden sind. Leider gibt es auch Menschen, die solche Vorurteile am Leben erhalten. Meine bisherigen persönlichen Erfahrungen in Europa eignen sich nicht als Beispiel für derlei Erfahrungen. Denn viele meiner Landsleute, die früher nach Europa geflohen sind, mussten durch viele schwierige Lebenssituationen gehen. Vielleicht ein Glück der späten Flucht, aber bisher scheinen mir diesbezüglich tatsächlich einige Erfahrungen erspart geblieben zu sein.

Am Anfang der Pandemie hatte ich wirklich die Befürchtung, dass einige liebgewonnene Gewohnheiten für immer verschwinden könnten – sich begrüßen, Umarmungen, Küsschen zu geben, et cetera. In letzter Zeit habe ich jedoch wieder Hoffnung, dass sich vieles zum Gewohnten ändern wird. Ich hoffe, dass wir vor einer weiteren Welle bewahrt bleiben.

Alles Gute und liebe Grüße,

deine Yirgalem

3

November 2020

Liebe Yirgalem,

heute, da ich diesen Brief beende, ist Martinstag. Wegen der Pandemie wirst du wohl keine Martinszüge sehen: Denk dir eine Menge Kinder mit zum großen Teil selbstgemachten Laternen und, je nach Örtlichkeit und reitkundigem Freiwilligen, einen als römischen Soldaten kostümierten Reiter, der den heiligen Martin darstellen soll. Meine Eltern, die beide nicht religiös sind, sind seinerzeit trotzdem mit meinem Bruder und mir und unseren selbstgebastelten Laternen zu diesen Prozessionen gegangen, und wir haben alle aus voller Kehle falsch (keiner von uns ist sehr musikalisch), aber dafür enthusiastisch gesungen.

Für mich waren der August und der September Reisemonate. Nicht in die weitere Ferne, aber ich konnte die Vorort-Recherche für meinen neuen Roman nachholen, da die meisten Handlungsorte innerhalb von Deutschland liegen. Es war gleichzeitig ähnlich und völlig anders im Vergleich zu meinen früheren Recherchereisen: Besichtigungen waren wieder möglich, aber in viel begrenzteren Zahlen – und bei Vorabanmeldung –, und an allen Ecken und Enden der Hotels standen die Behälter mit Desinfektionsgels. In Sachsen scherten sich die Cafés so wenig um die Vorsichtsmaßnahmen, dass selbst an den bevölkerten Touristen-Hotspots keine Namen und Kontaktmöglichkeiten aufgenommen wurden, um eventuelle Desinfektionsketten nachzuverfolgen. In Brandenburg dagegen waren die Cafés, die ich besuchte, sehr viel gewissenhafter, und in Berlin sogar das Frühstück einzeln mit Plastik umwickelt. Als ich das Schloss Rheinsberg am Glienicker See besuchte, konnte ich viele Leute auf Hausbooten dabei beobachten, wie sie den Sommer genossen. Gleichzeitig sah ich die Plakate für all die abgesagten Konzerte, denn in ›normalen‹ Jahren hätte es in Rheinsberg ein Festival für junge Opernsänger gegeben, das wie so viele kulturelle Veranstaltungen dieses Jahr gecancelt wurde.

Ein wenig kam mir der Spätsommer wie das Auge des Hurrikans vor, oder der Moment im Film, wo die Charaktere meinen, das Monster besiegt zu haben, und feiern, oder sich ausruhen – bevor es dann mit der immer noch vorhandenen Katastrophe weitergeht. Dass es im Herbst mit dieser ›Pandemie-Light‹-Zeit vorbei sein würde, hatte ich mir schon gedacht; auch deswegen reiste ich, solange ich das noch konnte. Danach, im Oktober, nahm ich mir mein Rohmanuskript wieder vor und überarbeitete es mit den Ergebnissen meiner Reise. Gleichzeitig stiegen bei uns in Deutschland und weltweit die Infektionszahlen immer höher, die Lesungen und Vorträge, die ich hätte halten sollen, wurden bis auf eine alle abgesagt, und ich kam und komme mir seither wieder wie ein Fisch auf dem Trocknen vor, der nur ganz kurz erneut schwimmen durfte. Dabei ist mir natürlich bewusst, dass ich Glück habe. Meine unmittelbare Familie ist gesund; wir haben einen meiner Onkel verloren, aber nicht durch Covid-19, und diejenigen Freunde und Bekannten, die sich infizierten, haben sich – bisher – erholt. Vielen anderen geht es schlechter. Aber ich vermisse es, vorzulesen und mit Menschen, die sich im selben Raum befinden, zu diskutieren, ich vermisse es, zu wissen, wann und ob meine Bücher erscheinen, ich vermisse es, zu Konferenzen zu gehen, oder zu Buchmessen. Für dich als Journalistin ist der Halbkontakt durch das Internet wahrscheinlich noch viel frustrierender.

Verstehe mich nicht falsch: Ich begreife sehr wohl, dass in einer Pandemie Vorsichtsmaßnahmen nötig sind. Du sprichst davon, dass es in deiner Heimat kaum einen Unterschied macht, ob man in einer Zelle eingesperrt wird oder außerhalb der Zelle auf der Straße herumläuft. Daran musste ich oft denken, wenn ich mir die Demonstrationen anschaue von Leuten, die so tun, als sei es eine Freiheitsberaubung, eine Maske zu tragen, um die Ansteckungsgefahr für Mitmenschen zu reduzieren. Menschen, die Schlagworte von Freiheitsbewegungen für sich kapern und entstellen. Man möchte die Leute alle dazu verpflichten, auch nur zu versuchen, einen Monat in Eritrea zu leben.

Wie wirst du mit der Wut fertig, Yirgalem? Das ist für mich in diesem Jahr ein immer größeres Problem. Mich packt oft ein heilloser Zorn, wenn ich bei uns in Deutschland erlebe, wie im Rahmen von solchen ›Anti-Corona-Maßnahmen‹-Demonstrationen Neonazis versuchen, das Parlament zu stürmen, oder in Leipzig Journalisten angreifen. Die langen Monate des amerikanischen Wahlkampfs waren eine nervenzerfetzende Geduldsprobe, nicht zuletzt, weil man als Nicht-Amerikaner zwar keine Stimme hat, aber trotzdem unmittelbar von den Entscheidungen des (bisher noch) mächtigsten Landes auf dem Planeten betroffen ist. Und kaum ist die Wahl gelaufen, geht der Irrsinn in die nächste Stufe, mit einem Präsidenten, der im reinsten Autokraten-Stil seine Abwahl nicht wahrhaben will und wie üblich von seiner rückgratlosen Partei unterstützt wird. Was mir dabei die größten Sorgen macht, sind die siebzig Millionen Amerikaner, die ihn nach vier Jahren Horror wiedergewählt haben, und die zum Teil hochbewaffnet sind. Ich habe viele amerikanische Freunde, und ich fürchte ernsthaft um ihr Leben. Das hätte ich noch vor einem Jahrzehnt nie für möglich gehalten, nicht in den USA, die ich das erste Mal besucht habe, als ich vierzehn war, im Rahmen des Schüleraustauschs.

Was die Trump-Wähler dort und hierzulande das Gemisch aus Corona-Leugnern und Rechtsradikalen (das sich oft genug überschneidet, aber nicht deckungsgleich ist) gemeinsam haben, ist, dass sie tatsächlich in einer anderen Realität leben als in derjenigen, in der ich mich bewege. Ich weiß es noch wie heute, als mir zum ersten Mal ein Buchhändler (!) allen Ernstes etwas von »Merkel-Diktatur« und »Bevölkerungsaustausch« erzählen wollte. Letztes Jahr schrieb mir ein Lehrer, den ich seit fast dreißig Jahren kenne, ich würde Deutschland hassen. Wenn eine solche Radikalisierung mit Menschen geschieht, die man kennt, löst sie zunächst Schock aus – bei mir jedenfalls, aber mittlerweile habe ich aufgehört, noch zu versuchen, mit ihnen zu sprechen. Eben wegen des steigenden Zornes, der mich packt. Mittlerweile nützt es mir nichts mehr, wenn ich mir sage, dass eine Demokratie auch extreme Meinungen aushalten muss. Mir ist oft nur noch nach Schreien, als wäre ich selbst ein wütendes Kind.

Bisher habe ich diesen Impuls zum Glück unterdrücken können. (Auch in schriftlicher Form; einer der Gründe, warum ich nur noch selten auf Facebook bin, ist, um zu vermeiden, dass ich etwas schreibe, was mir später leid tut, und so zur gegenseitigen Eskalation beitrage). Aber die Art, wie ich solche Zornesausbrüche meinerseits vermeide, ist, indem ich mich erst gar nicht mehr auf Kommunikation mit den betreffenden Leuten einlasse. Dann wieder denke ich: Diese Haltung trägt natürlich auch dazu bei, dass wir Menschen immer mehr in getrennten Filterblasen und unterschiedlichen Realitäten leben. Was mich zu meiner Frage zurückbringt: Wie gehst du mit deiner Wut um?

In deinem Brief erwähnst du den äthiopischen Ministerpräsidenten und seine Äußerung »Der eritreische Staat arbeitet für den Frieden«, als etwas, das dich aufbrachte, angesichts der Realität deines Landes, die du mir anschaulich geschildert hast. Wenn du die Möglichkeit hättest, mit dem Mann zu sprechen: Ich gehe mal davon aus, dass du sie trotzdem ergreifen würdest, nicht zuletzt, weil die noch so kleine Chance, einen Menschen in einer derartigen Machtposition zu einer Veränderung zu bewegen, immer noch eine Chance wäre. Aber was, wenn die gleiche ignorante Äußerung nicht von einem Spitzenpolitiker, sondern beim Bäcker kommt, bei dem du Brötchen einkaufst, oder dem Buchhändler, der deine Bücher vertreibt? Würdest du dich dann auf ein Gespräch einlassen, oder dir denken, dass sich eine Diskussion nicht mehr lohnt, und den respektive die Betreffende(n) von da an meiden? »Wer seine Wunde versteckt, versteckt sein Heilmittel« ist ein Sprichwort, das ich mir merken werde. Es erinnert mich auch an die *Truth and Reconciliation Commission*, die nach dem Ende der Apartheid in Südafrika vom ANC ins Leben gerufen und 1996 durch Nelson Mandela eingesetzt wurde. Manchmal denke ich, dass die Menschen sich heute nur noch an den Aufruf zur ›Reconciliation‹, also zur Versöhnung erinnern, und den ›Truth‹-Teil ignorieren. Dabei ist es ungeheuer wichtig, über geschehenes Unrecht zu sprechen und nicht unter den Teppich zu kehren. Ich kann verstehen, dass du nicht die möglichen Konsequenzen ignorieren willst, die jenen drohen, die sich noch in Eritrea befinden, wenn du dein Buch veröffentlichst. Es ist das nie lösbare Dilemma jedes Journalisten, der nicht *nur* über Tote, sondern über noch Lebende in einer Diktatur berichtet. Gleichzeitig denke ich: Dein Buch ist vielleicht die einzige Möglichkeit, wie diesen Menschen doch noch eine Stimme gegeben werden kann.

Im letzten Jahr kam eine bitterböse, gleichzeitig sehr witzige Komödie in die Kinos, *The Death of Stalin*, in der es um die Wochen unmittelbar nach Stalins Tod geht. Am Ende des Films, wenn die Credits laufen, also die Sequenz, wo man die Namen aller Mitwirkenden liest, zeigt der Regisseur im Hintergrund Fotos, aus denen eine Figur nach der anderen ausradiert wird. Dieses Retuschieren von Fotos wurde ja nicht nur in der Sowjetunion tatsächlich praktiziert, so zum Beispiel bei allen Fotos, auf denen Trotzki an der Seite Lenins zu sehen war. Heutzutage ist die Umschreibung der Vergangenheit im Vergleich zu damals eher noch leichter geworden, paradoxerweise. Einerseits gibt es viel mehr Informationen aus viel mehr Quellen. Das heißt zum Beispiel, wenn heute der Mehrheitsführer der republikanischen Senatoren im Senat, Mitch McConnell, behauptet, die Demokraten hätten die Wahlniederlage vor vier Jahren auch nicht akzeptiert, kann man sofort den Fernsehausschnitt googlen, der zeigt, wie Hillary Clinton bereits am nächsten Tag ihre Niederlage akzeptiert und Trump zur Wahl gratuliert. Nur: Das macht kaum ein republikanischer Wähler, und nur an solche richten sich McConnells Worte. Stattdessen wird ihm von seinem avisierten Publikum ohne weiteres geglaubt. Damit sind wir wieder bei den unterschiedlichen Realitäten angelangt. Wenn dies schon in einer Demokratie so ist, wie erst in einer Diktatur, wo der Staat tatsächlich die gesamte Informationslage kontrollieren kann?

Was ich damit sagen will: Bücher wie deines verhindern, dass die Menschen, über die du schreibst, einfach aus ihrer Existenz ausradiert werden. Dass ihre Erfahrung umgeschrieben wird zu etwas, das nie geschehen ist, oder anders geschehen ist. Natürlich wird es die Regierung – oder »Regierung« – trotzdem versuchen, und ein Teil der Menschen innerhalb und außerhalb Eritreas wird ihr glauben. Aber eben nur ein Teil. Ein anderer Teil wird durch dein Buch wissen, was geschehen ist und noch geschieht, und, hoffentlich, versuchen, dagegen etwas zu tun.

Bei meinem letztveröffentlichten Buch – nicht dem Manuskript, an dem ich noch feile, sondern das Buch davor – ging es um eine Gefängnisärztin. Inspiriert wurde ich nicht zuletzt dadurch, dass eine Freundin meiner Familie tatsächlich als Ärztin in einem Gefängnis arbeitet, und immer eine Menge Geschichten zu erzählen hatte und hat. Als ich für diesen Roman recherchierte, las ich außerdem eine Menge Material sowohl von anderen Ärzten, von Gefängnisdirektoren, aber auch Interviews mit Gefangenen, und da die Arbeit an dem Buch lange vor dem Ausbruch der Pandemie stattfand, konnte ich damals auch selbst mit Betroffenen sprechen. Etwas, das mir immer wieder ins Auge stach, war, dass ein beträchtlicher Teil des Gefängnispersonals es leichter fand, mit Mördern und Totschlägern umzugehen, als mit Betrügern, also Menschen, die sich auf die Ausbeutung ihrer Opfer durch Lügen und Täuschungen spezialisiert haben. Das ist zwar mit weniger körperlicher Brutalität verbunden, aber oft genug genauso lebensruinierend – etwa, wenn Rentnerinnen um ihre Ersparnisse gebracht werden – und lebt eben von dem permanenten Schüren von Ängsten und der Erzeugung einer anderen Realität. Sozusagen im Kleinformat das, was Diktaturen – und leider nicht mehr nur Diktaturen – im Großformat tun.

Nun versuchen laut meinen Quellen gerade die Ärzte, die Gefangenen separat von dem zu sehen, was sie getan haben, das heißt, sie als Patienten zu behandeln, ganz gleich, ob sie nun wegen eines Banküberfalls, wegen Vergewaltigung oder einfach wegen nicht bezahlter Steuern im Knast sind. Aber eben: Sie sagen, das sei bei den Betrügern am schwersten, weil die Natur ihres Vergehens ihre alltägliche Verhaltensweise auf eine Art beeinflusst, wie es bei den Totschlägern eben nicht der Fall sei.

Etwas, das mich noch mehr überraschte, war, dass es sogar Beamte auf hoher Ebene, so zum Beispiel einen ehemaligen Gefängnisdirektor gab, der am Sinn des Strafvollzugs an sich zweifelte. Das hängt auch damit zusammen, dass wir hier in Deutschland zumindest vom Prinzip her das Ideal der Resozialisierung haben, nämlich von der Rückintegration der Gefangenen in die Gesellschaft nach ihrer Freilassung. In der Praxis ist es leider häufiger, dass gerade Gefangene, die wegen relativ leichter Vergehen eine kurze Haftstrafe bekommen, während dieser Zeit stärker kriminalisiert werden. Der ehemalige Direktor hatte auch kein Patentrezept als Alternative für die schweren Fälle – offensichtlich kann man zum Beispiel Vergewaltiger von Kindern nicht einfach ungestraft und in Freiheit lassen –, aber er plädierte dafür, bei einer viel größeren Anzahl von geringeren Delikten auf Strafen zu setzen, die aus Sozialdiensten bestehen, also zum Beispiel dem Einsatz in Pflegeheimen. Wie praktikabel das ist? Keine Ahnung. Aber wenn ich mir vorstelle, dass jemand, der jahrelang Tag für Tag mit Menschen zu tun hatte, von denen die Mehrzahl tatsächlich in größerem und kleinerem Maß kriminell ist, trotzdem nicht aufhört, sich dafür einzusetzen, wie man die Situation verbessern kann, dann fühle ich mich ob meiner mangelnden Geduld mit Covid-Leugnern doch etwas beschämt.

In deinem Brief erwähnst du, dass du eine ausgebildete Lehrerin bist. Seinerzeit, als ich in meinem letzten Schuljahr – wie damals üblich – einen Studienberater besuchte, wollte dieser mir partout ein Studium auf Lehramt einreden. Einer der Gründe, warum ich mich nicht darauf einließ, ist der: Ich hatte zu gut in Erinnerung, wie gerade die jungen Referendare hin und wieder von Schulklassen systematisch fertiggemacht wurden. Nun habe ich sowohl als Teenager als auch als Erwachsene hin und wieder Kindern aus meinem Familien- und Freundeskreis durch Nachhilfestunden ausgeholfen, aber das ist etwas ganz anderes, da ist man mit dem betreffenden Kind alleine. Ganz ehrlich, die Aussicht darauf, Tag für Tag einer großen Gruppe gegenüberzustehen schüchterte mich viel zu sehr ein, als dass ich dazu den Mut aufgebracht hätte. Umgekehrt habe ich noch heute einige meiner Lehrer in bester Erinnerung, und verdanke zum Beispiel meinem Kunstlehrer während der Gymnasiumzeit wesentlich mein Verhältnis zur Kunst. Mit anderen Worten: Ich bewundere Menschen, die Mut zum Lehren haben. Daher nun meine Frage: Könntest du dir vorstellen, wieder zu unterrichten, ob nun hier in Deutschland, in einem anderen Land, oder in einem zukünfigen Eritrea, das demokratisch geworden ist? Würde dir das gefallen? Oder war die Ausbildung zur Lehrerin seinerzeit etwas, das du gemacht hast, weil du dich durch so einen Beruf besser ernähren konntest denn als Journalistin, das heißt eine pragmatische Notlösung, keine innere Berufung? (Was übrigens auch einer der Gründe war, warum mein Studienberater mir seinerzeit das Lehramtsstudium nahelegte.)

Zu lehren, scheint mir auch immer ein Vertrauensbeweis an die Zukunft zu sein, und ein aktiver Versuch, dieses Vertrauen zu rechtfertigen. Man versucht, den Kindern und Jugendlichen Wissen zu vermitteln, damit sie es weitertragen und anwenden können. Irgendwo ähnlich dem, was wir als Schriftstellerinnen tun, wenn wir Texte verfassen: auch diese doch immer aus der Überzeugung heraus, dass sie gelesen werden, dass sie in Lesern nicht nur hier und heute, sondern noch in späteren Jahren etwas in Gedanken und Gefühlen auslösen und in Bewegung bringen.

Nun sieht es, während ich schreibe, mit der Zukunft gerade ein wenig besser aus, denn vor zwei Tagen wurde gemeldet, dass ein deutsch-türkisches Forscherpaar aus Mainz einen vielversprechenden Impfstoff für Covid-19 gefunden hat. Doch selbst, wenn es sich hier noch nicht um den großen Durchbruch handeln sollte, welcher der Pandemie ein Ende bereitet, rührt sich meine innere Berufsoptimistin und meint, dass wir Menschen zwar eine miserable Spezies sein können, aber eben auch eine bewundernswerte, und dass wir nicht aufhören sollten, Gedanken für die Zukunft zu denken.

Also frage ich dich zum Schluss dieses Briefes: Wie sähe für dich deine Idealzukunft aus? Nicht dein gesamtes restliches Leben, sondern die nächsten zehn Jahre?

Ich grüße dich herzlich –

Tanja

Liebe Tanja,

ich grüße dich. Wie geht es dir?

Es kam zu Verzögerungen bei den Übersetzungen von unseren Briefen, da die Übersetzerinnen überarbeitet waren. So schreibe ich dir wieder, sieben Monate nach meinem letzten Brief.

Deinen jüngsten Brief, den ich nun beantworte, las ich dreiheinhalb Monate später. In den vergangenen Monaten, denke ich, gab es viele Ereignisse, die wir thematisieren und über die wir uns unterhalten könnten. Ich werde einige von ihnen, die mir in den Sinn kamen, zum Gegenstand unseres heutigen Gesprächs machen und damit die entstandenen Lücken füllen. Viel Spaß beim Lesen.

Ich schreibe dir diesen Brief am 8. März, dem Internationalen Frauentag. Seit 110 Jahren wird ehrenvoll an den Kampf für Frauenrechte gedacht. Meiner Meinung nach hat dieser Tag dazu beigetragen, auf internationaler Ebene dem Kampf der Frauen für gleiche Rechte und Partizipation mehr Aufmerksamkeit zu schenken. Dadurch konnten auch Frauen und der lange Weg zur Anerkennung ihrer Rechte wesentliche Errungenschaften aufweisen. Aber es erfordert weiterhin viel Einsatz, um weiblichen Stimmen mehr Gehör zu verschaffen.

Um die Situation der Frauen aus einer anderen Perspektive zu betrachten, nehme ich dich nun in meine Heimat mit. Zurzeit ist in Eritrea eine Partei an der Macht, die 30 Jahre lang einen bewaffneten und blutigen Kampf führte, um das Land von einer fremdlichen Besatzung zu befreien. Diese Machthaber verüben auf eine traurige Art und Weise unvorstellbare Gewalt und unbegreiflichen Missbrauch an Frauen, die in dem 30-jährigen Befreiungskampf in jeder Hinsicht eine tragende Rolle gespielt haben. Ihre Verbrechen sind schlimmer als die der ehemaligen Besatzer, die aus der Geschichte bekannt sind. Übrigens, im kommenden Mai werden es 30 Jahre sein, seitdem die Partei an der Macht ist.

Der Grund, warum ich diese Geschichte mit dem Frauentag in Zusammenhang bringen möchte, ist die Tatsache, dass Frauen, die beim Befreiungskampf einen hohen Preis gezahlt haben, die Hauptleidtragenden und Opfer des Regimes geworden sind. »Unsere Frauen haben 30 Jahre lang gekämpft, um ihre Rechte zu sichern«, ist ein beliebter Slogan eines jeden Politikers in Eritrea. Was ihren Beitrag am Befreiungskampf betrifft, stimmt es. Doch Frauen zahlen noch immer einen hohen Preis und ihre Lage hat sich auf eine schreckliche Art und Weise sogar verschlimmert.

Am heutigen Datum sind in den eritreischen sozialen Medien immer wieder Fotos von eritreischen Frauen zu sehen. Ich erzähle dir von einigen dieser Frauen:

Senait Debessay – Sie war eine Befreiungskämpferin und Musikerin. Sie war die erste Frau in meinem Leben, die ich Gitarre spielen sah. Der eritreische Botschafter in Kenia ist der Vater ihrer drei Kinder. Da sie sich mit ihm nicht verstand, habe sie die Scheidung eingereicht, wird erzählt. Sie wurde am 6. Dezember 2003 entführt. Ohne jegliche Anklage und Verurteilung sitzt sie seit über 18 Jahren in einem geheimen Gefängnis. Ihr Mann hat nie aufgehört, dem Regime zu dienen.

Aster Yohannes – Befreiungskämpferin und Ehefrau von Petros Solomon, bis dahin Minister, der zu den Führungsfiguren des Befreiungskampfes zählte. Während ihres Studienaufenthaltes in den USA wurde ihr Mann wegen seiner Forderung nach Kursänderung verhaftet. Sie unterbrach ihr Studium und kehrte nach Eritrea zurück, um nach den gemeinsamen vier Kindern zu schauen. Bei ihrer Ankunft am Flughafen von Asmara am 11. Dezember 2003 wurde sie sofort verhaftet und entführt, während draußen ihre Kinder und Verwandte auf sie warteten. Seitdem sind 18 Jahre vergangen.

Aster Fissehatsion – Sie hatte eine verantwortungsvolle Stelle und wurde am 18. September 2001 zusammen mit den sogenannten G-15 entführt und verhaftet. Sie war mit Mahmoud Ahmed Sherifo verheiratet, der auch eine wichtige Führungsfigur des Befreiungskampfes war. Nächsten September werden es 20 Jahre sein, seitdem Aster, ihr Mann und ihre Mitstreiter aufgrund ihrer Forderungen nach politischen Veränderungen vom Regime festgenommen wurden.

Miriam Hagos – Sie gab ihre Arbeit und ihr Leben in den USA auf und schloss sich 1977 dem Befreiungskampf in Eritrea an. Sie wurde am 6. Oktober 2001 entführt und verhaftet.

Ciham Ali – Ihr Vater, Ali Abdu, bekleidete eine hohe Position und war ein treuer Diener des Systems. 2012 floh er aus dem Land. Sie versuchte ebenfalls, das Land zu verlassen und wurde dabei erwischt. Ciham war bei ihrer Verhaftung 15 Jahre alt. Trotz ihrer Minderjährigkeit ist über ihren Verbleib in den letzten acht Jahren nichts bekannt.

Ich belasse es bei diesen Beispielen. Die Aufzählung könnte unendlich lang werden.

Zahlreiche Frauen in Eritrea wurden aufgrund ihrer religiösen Auffassung oder politischen Ansichten verfolgt, kamen ins Gefängnis und wurden gefoltert. Sie werden weder vor Gericht gestellt noch dürfen sie Besuch erhalten. Deswegen kennt niemand die genaue Anklage, ihren Aufenthaltsort, oder weiß, ob sie noch am Leben sind; niemand außer diejenigen, die sie entführten und festnahmen. (Wenn du Zeit hast, kannst du nach den Lebensgeschichten dieser Frauen googeln. Ich denke, wenn du nur eine dieser Geschichten liest, wirst du mehr Schmerzen verspüren, als die, die du bei meinen Erzählungen hast.)

Über den aktuellen Konflikt in Nordäthiopien berichten viele Medien auf der ganzen Welt, daher gehe ich davon aus, dass du davon schon gehört hast. Frauen sind auch in diesem Krieg die Hauptleidtragenden. Tausende von Frauen sind Vergewaltigungen ausgesetzt. Hunderte sind bereits Opfer sexualisierter

Gewalt geworden. Minderjährige wurden missbraucht, Schwangere und gebärende Frauen sind auf der Flucht. Die Übergriffe sind weit schlimmer, als was ihr (Ausländer) in den Medien mitbekommt. Wenn ich höre, wie die entwickelten Länder daran arbeiten, die Rechte von Frauen zu sichern, werde ich neidisch. Das ist weit entfernt von den Realitäten in meinem Land. Das macht mich rasend.

Nun komme ich zu deinem Brief: Nach dem leichten Lockdown im letzten Winter dachte ich ähnlich wie du, dass wir nicht in einen weiteren harten Lockdown gehen würden. Ich hatte gar keine Vorstellung davon, dass unsere Welt für so eine lange Zeitspanne wegen dieser Pandemie dermaßen aus dem Gleichgewicht geraten würde. Wie du es bereits geäußert hast, habe ich auch während des zweiten Lockdowns mehrere Pläne streichen müssen. Für den heutigen Tag wurde für mich in Münster eine Leseveranstaltung von *African Perspektives* organisiert, die wie viele andere abgesagt werden musste. Ansonsten habe ich auch Ereignisse erlebt, die die Verleugnung der Pandemie widerspiegelten. Sie zweifeln die Existenz der Pandemie und ihrer Behandlungsmethode aufgrund ihrer Religion an und lehnen die Gegenmittel ab. Ich bin entsetzt und weiß selbst nicht, wie ich mit Menschen solcher Auffassungen sprechen soll. Es kommt mir vor, als würden wir uns auch bei anderen Themen nicht verstehen oder zu einer Übereinstimmung kommen. Was kann man solchen Menschen sagen, die behaupten, man soll sich nicht impfen lassen, da diese Krankheit nur durch Beten geheilt werden könne?

Ich bin froh, dass du und deine Familie bis jetzt von der Infektion dieses gefährlichen Virus verschont geblieben seid. Mein herzliches Beileid an dich und deine ganze Familie zum Tod deines Onkels. Übrigens, wenn es in Tigrinya wäre, wüsste ich ganz genau, um welchen Onkel es sich handelte. Im Gegensatz zu vielen anderen Sprachen gibt es in Tigrinya genaue Bezeichnungen für die verschiedenen Geschwistertypen der

Mutter und des Vaters, sodass keine zusätzlichen Fragen gestellt werden, um welchen Onkel oder welche Tante es sich handelt. Alle meine Kontakte finden derzeit ausschließlich digital statt, was sehr langweilig und nervig ist. Da es aber Aussicht auf Besserung der Situation gibt, möchte ich es nicht als unerträglich bezeichnen. Mein aktuelles Leben ist bei weitem besser als die meiner ehemaligen Kollegen, Freundinnen und Angehörigen in Eritrea. Allein schon, wenn man die Zuversicht, die vielen Angebote und den Zugang zu Informationen hier in Betracht zieht. Ich hoffe, du verstehst, wenn ich schon wieder den Vergleich zu Eritrea ziehe.

In einer Zeit, in der ich wegen der Pandemie und dem Lockdown am Ende meiner Geduld hätte sein können, wurde meine Aufmerksamkeit von dem in Äthiopien neu entfachten Krieg gefesselt. Mit den Gedanken und dem Herzen war ich dort. Ich hatte dir schon mal geschrieben, dass ich mich über die Rede des äthiopischen Premierministers (Friedensnobelpreisträger von 2019) nach seinem Besuch des eritreischen Militär-Ausbildungscamps sehr aufgeregt hatte. Dieser und das Regime in meinem Land schlossen einen Bund und lösten einen Krieg in Tigray aus, der nordäthiopischen Provinz, die an Eritrea grenzt. Der Besuch des Militärcamps war offensichtlich Teil ihrer Vorbereitungen auf den Krieg. Nun werden junge Leute in einem Krieg sterben, von dem sie keine Ahnung haben und der sie überhaupt nicht betrifft. Ein Flüchtlingslager in der Kriegsregion Tigray mit über 100.000 Flüchtlingen aus Eritrea wurde angegriffen. Zehntausende Menschen aus Tigray flohen in den benachbarten Sudan. (Vielleicht hast du es mitbekommen; Deutschland war eines der ersten Länder, das bereit war, diesen Menschen zu helfen.) Städte und Dörfer wurden zerstört, Menschen getötet und vertrieben ... Innerhalb von wenigen Monaten wurde Tigray zu einem grausamen Schauplatz von Krieg, Gewalt und Zerstörung.

Unter dem Vorwand, wegen der Corona-Pandemie könnten keine nationalen Wahlen stattfinden, ließ der äthiopische Staatschef sie verschieben. Die Regionalregierung von Tigray ließ trotzdem Wahlen durchführen. Daraufhin erklärte die Zentralregierung Äthiopiens den Krieg gegen die Provinz Tigray. Jemand verschiebt die Wahlen aus Furcht vor der Corona-Pandemie, aber dann ruft er zum Krieg auf. Was für ein Bild eines Mannes kommt dir dabei in den Sinn, der auch noch Friedensnobelpreisträger ist? Was denkt er eigentlich über sein Volk? Ich verzweifle völlig, wenn ich versuche, es einzuschätzen. Es ist doch offensichtlich, dass ein Krieg die Verbreitung von Corona nur brandbeschleunigen kann. Letztlich muss man festhalten, dass die menschlichen Verluste durch die Pandemie weit weniger waren als die durch den Krieg getöteten Menschen. Die eigentliche Pandemie in der Region sind die Machthaber von Eritrea und Äthiopien.

Der Ausbruch dieses Krieges war genauso unvorhersehbar und erschreckend wie Covid-19 und die Pandemie. Auch für die Menschen in der Region war es nicht anders.

»Wie gehst du mit deiner Wut um?« Um diese Frage von dir zu beantworten, musste ich zuerst über diesen Konflikt schreiben. Ich war äußerst aufgebracht über die grausamen Machthaber, die alle Regeln brechen. Die Auswirkungen des Krieges trafen mich ins Herz. Um ganz offen zu sein, ich leide darunter. Mir blieb keine andere Wahl als der Versuch, die Medien zu meiden, die für den Krieg propagieren. Ich telefoniere mit meinen Freunden sowie Bekannten und versuche, über die Denkweise der Herrschenden dort mehr zu erfahren. Ein anderes Mal gehe ich raus und unternehme einen Spaziergang. Frische Luft hilft mir, meine Gefühle in den Griff zu bekommen. Danach geht es mir besser.

Über den Machthaber im benachbarten Äthiopien, der über den Beitrag meines Landes für Frieden schwadronierte, fragst du mich, was ich tun würde, wenn ich die Gelegenheit bekäme, mit ihm ein Gespräch zu führen. Auch wenn ich weiß, dass es nichts ändern würde, würde ich keinesfalls vorbeigehen, ohne etwas gesagt zu haben. Ich würde nachbohren, um seine Lügen zu entlarven. Trotzdem glaube ich, dass ich schon bei seinem Anblick meine Tränen vor lauter Zorn nicht zurückhalten könnte.

2019 traf ich in Schweden einen Journalisten, der sich für Eritrea interessiert. Ich war verärgert darüber, was er auf dem Podium über mein Land sagte. Nachdem er fertig war, ging ich zu ihm, um ihm meinen Unmut über seine Äußerungen mitzuteilen. Als wir unter uns waren, fragte er mich, aus welchem Teil Eritreas ich komme und zählte mir dabei verschiedene Städte auf. Ich war über seine Antwort erschrocken. Erstens haben ausländische Medien keinen Zugang zu Eritrea. Und wenn es einem Ausländer dennoch erlaubt würde, nach Eritrea einzureisen, dann wäre er gezwungen, seine Aktivitäten und Touren so klein wie möglich zu halten. Aus diesem Grund fragte ich ihn, wie er so viel über die Städte wissen konnte. «Ich habe sie alle besucht», sagte er mir. »Dann vertrauen Ihnen die Behörden meines Landes mehr als mir. Ohne behördliche Erlaubnis dürfte ich in Eritrea in keine Stadt reisen«, entgegnete ich ihm sarkastisch.

Die Bürger Eritreas dürfen ohne Passierschein nirgendwo fahren. Ausländern ist es nicht erlaubt, die Hauptstadt Asmara ohne Erlaubnis zu verlassen. In unserem weiteren Gespräch stellte ich fest, dass er doch genug Wissen über die Lage in Eritrea hatte. Er berichtete mir über vieles, was ihm widerfahren war. Demzufolge hätte sein Standpunkt auf dem Podium eigentlich entgegengesetzt sein müssen. »Was Sie mir erzählen, steht im Widerspruch zu dem, was Sie gesehen und erlebt haben. Kann es vielleicht daran liegen, dass Sie planen, wieder nach Eritrea zu reisen?«, hätte ich ihn gerne gefragt. Es erschien mir jedoch unhöflich und ich beließ es dabei. Meine Empörung konnte ich dennoch nicht verbergen. Es gibt anscheinend unverfrorene Menschen. Damit sie ihr Vorhaben ungehindert ausführen können, sind sie bereit, blanke Lügen zu erzählen.

Es gibt Augenblicke, bei denen scheinbar ganz einfache Ereignisse die unterschiedlichen kulturellen Hintergründe sichtbar werden lassen. Im letzten Winter lernte ich ein deutsches Paar kennen, das mich zu sich nach Hause einlud. Sie leben außerhalb von München. Im Vorfeld unseres Treffens rief ich eine eritreische Journalistin in Stuttgart an und fragte sie um Rat, was sich hier als Mitbringsel anbietet. Sie erklärte mir, dass Wein oder Süßigkeiten (wie Schokolade) beliebt wären. In einem Geschäft schaltete ich die Kamera meines Mobiltelefons an und bat sie, mir bei der Auswahl zu helfen. Mein kleines Gastgeschenk und ich erreichten schließlich das Haus meiner Gastgeber. Diese Vorgeschichte erzähle ich dir als Vorlage für das, was danach kam.

In unserer Kultur wird das Mitgebrachte unauffällig irgendwo hingestellt. Und falls wir doch über das Gastgeschenk sprechen, dann so, als wäre es völlig unbedeutend. Im Allgemeinen gilt jemand, der über sein mitgebrachtes Geschenk spricht oder die Aufmerksamkeit darauf lenkt, als unbescheiden. Wie bei uns üblich, habe ich es auch gemacht, nachdem ich von meinen Gastgebern herzlich begrüßt wurde. Wir hatten ein schönes Beisammensein. Als ich nach Hause zurückkehrte, erhielt ich einen Anruf von dem Paar. »Du hast was bei uns vergessen. Wenn du es dringend brauchst, dann kann es dir mein Mann vorbeibringen«, sagte sie mir. Stell dir die ganze Vorbereitung vor, die ich unternommen habe; und jetzt zurückbringen!? Darüber kann man nur herzlich lachen. Die kulturellen Unterschiede wurden mir hier besonders deutlich. Vermutlich werde ich auch nichts an meiner Gewohnheit oder meinem Verhalten ändern. Keine Ahnung, mir kommt es so vor, als wäre mein Kopf immer noch in Adi Keyih oder in Asmara.

Deine nächste Frage an mich betraf meine Ausbildung zur Lehrerin und warum ich mich dafür entschieden hatte. Die Entscheidung für eine Ausbildung oder ein Studium in Eritrea ist keine Wahl, sondern ein Zufall. Nur sehr, sehr wenige Menschen können selbst eine Wahl treffen. Es ist eine absolute Ausnahme. Mit meinen Abschlussnoten nach der Sekundarstufe hatte ich zum Beispiel nur die Möglichkeit, Lehrerin oder Krankenschwester zu werden. Mit meiner Ausbildung zur

Lehrerin und meinen Erfahrungen in den Medien wurde mir die Arbeit beim einzigen Bildungssender zugewiesen. Meine Tätigkeit dort stand im Rahmen des *National Service* und war entsprechend unentgeltlich. Während meiner Anstellung bei einer staatlichen Einrichtung kam meine Familie für alle meine Kosten – Verpflegung, Wohnen und andere Ausgaben – auf. Wenn sie nicht in einer anderen Stadt leben würden, wäre das Problem kleiner gewesen. Ich hätte die Möglichkeit, bei ihnen zu wohnen. Am Ende des Tages arbeitet man für den Staat unentgeltlich.

In Eritrea beginnt man erst über das eigene Leben zu grübeln, wenn die Jugendjahre vergangen sind, die Fähigkeiten nachlassen, die Moral verletzt und die Erwartungen der Eltern enttäuscht wurden. Alle Eritreer durchleben diese Realitäten. Folglich habe ich den Beruf Lehrerin weder gewollt, noch ihn mir ausgesucht. Dennoch hatte ich Glück. Bevor ich als Lehrerin arbeitete, wurde ich zum Radiosender beordert. Für diese Stelle musste ich mich zuerst einem Wettbewerb stellen. Und nun kann ich deine Frage beantworten, ob ich in Zukunft als Lehrerin arbeiten möchte oder könnte: Nein, ich glaube nicht, dass ich die notwendige Geduld aufbringen kann.

Über deine Gedanken, die Menschen, die wegen des lebensnotwendigen Lockdown randalierten, als hätte man ihnen die Freiheit genommen, sollen sie nach Eritrea gehen und einen Monat lang das Leben dort probieren, musste ich schmunzeln. Andererseits macht mich das sehr nachdenklich. Es ist traurig, wenn das eigene Land sich zu einem Ort entwickelt hat, den man als Strafe nutzen könnte. Keine Sorge, ich habe dich nicht falsch verstanden. Nur die Realität in meinem Land schmerzt mich. Im letzten November fanden in Amerika Wahlen statt. Als Donald Trump einen Aufstand übte, als gingen ihn die Wahlergebnisse nichts an, beobachtete ich, wie manche Medien sich darüber lustig machten: »Ein Glück, dass er nicht in Afrika ist.« Sie bezogen sich dabei nicht nur auf Trump, sondern auch auf die vielen afrikanischen Führer, die sich nicht vorstellen können, dass es ein Leben nach einem Machtverlust gibt.

Die Äußerung des seit langem bekannten Lehrers, du würdest Deutschland hassen, finde ich irrsinnig. Weißt du, das hat mich an meine Landsleute erinnert, die das Regime, über dessen Verbrechen ich dir öfters erzählt habe, unterstützen. Sie bezeichnen sich selbst als ›Patrioten‹, die ihr Land über alles lieben. Ich sage dir nicht, dass sie lediglich glauben würden, sie wären Patrioten. Nein, nein! Sie gehen darüber hinaus und treten sogar in den Medien auf und sprechen von »Debatten unter Patrioten«, »Veranstaltungen für Patrioten«, »Botschaft von Patrioten« ... und so weiter. Sie erklären diejenigen zu Verrätern, die über die Realität in Eritrea sprechen, die in ihren Augen das eigene Land diffamieren und dem ›Feind‹ zum Fraß geben würden. Welchem ›Feind‹ denn? Was soll noch schlimmer kommen, tiefer kann das Land doch nicht fallen! Das Land ist so zerstört, wie es kein fremder Besatzer oder Feind jemals schaffen würde.

Wie auch immer, als ich die über 70 Millionen Unterstützer Trumps sah, war ich ziemlich erstaunt. Mehr als Trumps bockiges Verhalten hat mich die Aggressivität und Delinquenz seiner Anhänger erschrocken. Ich vergleiche solche Situationen unbewusst mit den Anhängern des eritreischen Regimes im Ausland, die oft brutaler als das Regime selbst sind.

Deine Zeilen über Gefängnisse und Gefangene finde ich bemerkenswert. Es ist wahr, es ist kein Vergleich zu meinen Erfahrungen und den Gefängnissen, die ich erlebt habe. Ich denke, Menschen wie der ehemalige Gefängnisdirektor, der dich fragte, warum du dich aufregst, oder die Ärzte, die Häftlinge getrennt von ihren Taten betrachten, sind immer und überall unentbehrlich. Solche Menschen geben Hoffnung, die oft vorkommenden engstirnigen Sichtweisen von Menschen zurechtzurücken. Solche Menschen mit ihrer Moral respektiere ich sehr. Sie bringen uns dazu, über uns nachzudenken. Seit meiner Ankunft in Deutschland hilft mir meistens Isabella Stadler, eine Ehrenamtliche von PEN. Sie ist für mich wie eine Schwester und eine gute Freundin. Ihr Engagement, ihre helfenden Hände, egal für wen, auszustrecken, fasziniert mich.

PEN hatte auch mal einen Deutschlehrer für mich engagiert, aber nach einiger Zeit aus Kostengründen eingestellt. Danach kam Jana Schwingen, eine 19-jährige Freiwillige, die ich über Bekannte kennenlernte. Im Gespräch erzählte sie mir, dass sie vielen Menschen ehrenamtlich hilft. Zudem bereitet sie sich derzeit vor, nach Togo zu reisen, um dort mit einer Hilfsorganisation an einem Straßenkinderprojekt mitzuarbeiten. Sie geht hin, obwohl sie weder das Land und noch die Menschen in ihrem bisherigen Leben kennt. Drei Monate wird sie dort verbringen, und das in ihrem jungen Alter. Ich finde keine passenden Worte, um meine Bewunderung für ihren Mut und ihre Menschlichkeit zu beschreiben. Menschen wie Jana sind Heilmittel für unsere zurzeit von organisierten Extremisten gebeutelten Seelen, denke ich.

Deinen letzten Brief hast du mit einer Frage beendet, also werde ich auch meinen heutigen Brief mit dessen Beantwortung abschließen. Gegen Ende dieses Jahres wird meine Zeit bei PEN auslaufen. Wenn meine Deutschkenntnisse so weit ausreichen, habe ich vor, an kurzen Fortbildungen teilzunehmen. Mein Antrag auf Asyl befindet sich bereits im Prozess, und ich hoffe, dass die deutschen Behörden darüber positiv entscheiden. Mein Leben ist hier zwar geschützt, aber die Ungewissheit beunruhigt mich sehr. Vielleicht kannst du dir meine Situation so vorstellen, wie die von jemandem, der sich zwar an einem sicheren Ort befindet, aber noch nicht gelandet ist.

In den nächsten zehn Jahren möchte ich eine glückliche Familie gründen, meine Familie wieder versammelt sehen, im Stande sein, zwei bis drei Bücher zu veröffentlichen. Ferner möchte ich mein Land von der Finsternis gelöst sehen, sodass ich in meiner

Heimat meine Geschichten sowie die meiner Generation (auch die meiner Flucht) frei vortragen, erzählen und schreiben kann. (Während ich die letzten zwei Zeilen schrieb, kamen mir die Tränen. Mir ist nach Weinen zumute.) Wie ich dir schon berichtet habe, führte ich nach meiner Kindheit, wie die meisten jungen Leute meines Landes, ein Leben, das man nicht vermissen oder schätzen würde. Ich weiß nicht warum, trotzdem wäre ich froh, an dem Ort meiner Kindheit und Jugend zu sein. Menschen emigrieren in ein fremdes Land für ein besseres Leben, für ein Leben ohne Sorgen.Bei mir war es aufgrund der Ungerechtigkeit. Wegen Armut, denke ich, würde ich meine Heimat nicht verlassen. Damit will ich sagen, dass es mein größter Wunsch und Traum ist, mich in den kommenden Jahren in meiner Heimat zu sehen.

Bevor ich zum Schluss komme, möchte ich dir mitteilen, dass ich deine Begeisterung für die Natur bei Facebook wahrgenommen habe. Die Bilder vom herabfallenden Schnee, die du in der Zeit zwischen Weihnachten und Neujahr gesendet hast, waren herrlich. Du möchtest zwar nicht auf Facebook unnötige Statements veröffentlichen, aber so lässt du deine Freunde und Fans an deinen Stimmungen und Gefühlen teilhaben.

Nun scheint die Sonne und bald ändert sich auch die Jahreszeit. Mit den Impfungen gegen Corona wurde auch schon begonnen. Allmählich darf der Dienstleistungssektor wieder öffnen. Ich hoffe, dass dieses Jahr besser wird als das letzte, schwierige Jahr.

Mit bester Verehrung,

Yirgalem

4

Liebe Yirgalem,

ich schreibe dir am Tag der Arbeit, dem ersten Mai. Für mich war das früher kein Feiertag, über den ich oft nachgedacht habe, hauptsächlich historisch relevant: ein Feiertag, den die Arbeiterbewegung durchgesetzt hat. In diesem Jahr, wo so viele, die ich kenne, ihre Arbeit verloren oder sehr eingeschränkt haben, und wo ich selbst nicht weiß, wann und ob der Roman, den ich im letzten Jahr geschrieben habe, je veröffentlicht wird, und ich mich mit Gelegenheitsjobs durchschlage, sieht die Sache anders aus. Aber im Vergleich zu anderen habe ich doch weiterhin sehr viel Glück: Meine Familie und ich sind gesund, und ich muss nicht um meine Existenz bangen.

Was du mir von den eritreischen Frauen erzählst, macht mir einmal mehr deutlich, wie privilegiert ich bin. Aber es zeigt mir auch, wie wichtig das ist, was du tust, und was wir PEN-Mitglieder versuchen, zu erreichen: gegen die Anonymität immer wieder die Namen und Schicksale zu setzen, um zu verhindern, dass die Betreffenden vergessen oder als bloße Statistiken abgehandelt werden. Du schreibst, Senait Debessay sei die erste Frau gewesen, die du je Gitarre hättest spielen sehen. Allein dieses Detail macht sie von einem Namen zu einer Person, finde ich. So oft ist die Gefahr angesichts der immensen Anzahl von politischen Gefangenen, dass sie selbst für gutwillige Zuhörer zu einer Reihe austauschbarer Namen werden. Das, so hoffe ich wenigstens, kann man verhindern, indem man, wie du das tust, ein paar Details hinzufügst. Bei Ciham Ali, dem fünfzehnjährigen Mädchen, das bei seinem Versuch, zu fliehen, verhaftet wurde und dann verschwand, schreibst du: Ihr Vater war ein treuer Diener des Systems. Aber auch, dass er vor ihr geflohen sei, also seine Familie zurückgelassen hat. Ich frage mich, was bitterer sein mag: von einem Gatten wie Senait Debessay oder von einem Vater so verraten zu werden.

In diesem Monat wäre Sophie Scholl hundert Jahre alt geworden. Leider hat es ja in Deutschland viel zu wenige Widerstandskämpfer gegen die Nazis gegeben. Aber zu den vielen Dingen, die mich bei Sophie Scholl und den übrigen Mitgliedern der *Weißen Rose* so beeindrucken, gehört, dass sie und ihr Bruder Hans nicht nur in der Diktatur aufwuchsen, sondern als Kinder und Jugendliche sogar zunächst durchaus von der Gehirnwäsche voll erfasst und vom Nationalsozialismus begeistert waren – und es dann eben trotzdem schafften, sich geistig zu befreien, zu durchschauen, dass die Ideologie, die man ihnen beigebracht hatte, menschenverachtend und grundfalsch war, und sich dagegen zu engagieren. Die meisten anderen Widerstandskämpfer waren bei Hitlers Machtantritt bereits erwachsen gewesen, das heißt sie hatten ihr Wertesystem in Freiheit entwickeln können. Das war bei Sophie Scholl nicht der Fall. In unserer Zeit, wo sich Menschen, die in Demokratien aufgewachsen sind, nicht entblöden, freiwillig wieder nach »starken Männern« zu schreien und rassistischen Feindbildern anzuhängen, gibt mir der Gedanke an Frauen wie Sophie Scholl, die von dir genannten wie Aster Yohannes und Miriam Hagos oder, ganz ehrlich, auch an dich, Hoffnung. Es ist einfach sehr wichtig, sich stets vor Augen zu halten, dass es Menschen gibt, die selbst unter den schlimmsten Bedingungen ein Gewissen, Mitmenschlichkeit und Einsatz für andere entwickeln können.

Was kann man solchen Menschen sagen, die behaupten, man soll sich nicht impfen lassen, da diese Krankheit nur durch

Beten geheilt werden könne?«, fragst du, und es ist deprimierend, dass diese Frage derzeit nicht nur von dir und mir, sondern wahrscheinlich von den meisten Menschen überall in der Welt gestellt wird. Kein Land, ganz gleich, ob reich oder arm, das derzeit keine Impfgegner hat. Wobei das natürlich kein Phänomen ist, das erst mit der Pandemie aufgetaucht ist. Wenn ich daran denke, dass Masern schon so gut wie verschwunden waren, eine ähnlich global besiegte Krankheit wie die Pest oder die Pocken, und dann seit einem guten Jahrzehnt wegen der Impfgegner wieder ein Riesencomeback feierten, möchte ich speien. Was natürlich auch keine Antwort ist, das ist mir schon klar. Ich halte mich dieser Tage weiter sehr von Facebook fern und poste nur noch ganz selten, weil ich an mir selbst beobachte, dass die Versuchung, nur noch in wütenden Sätzen zu kommunizieren, einfach immens groß ist. Und das ist dann keine Kommunikation mehr. Aber du hast recht, was das Posten von Bildern als Alternative betrifft.

Bei dem Verwandten von mir, der gestorben ist, handelt es sich um denjenigen meiner Onkel, der die Schwester meiner Mutter geheiratet hat. Es ging ihm schon eine ganze Zeit lang sehr schlecht, und er hatte auch ein hohes Alter erreicht, daher kam sein Tod für die Familie nicht überraschend. Trotzdem war es gerade für meine Tante ein tiefer Einschnitt in ihrem Leben. Auch um ihre Gesundheit steht es nicht zum Besten, und ich mache mir jetzt große Sorgen um sie. Sie ist elf Jahre älter als meine Mutter, und hat bereits Brustkrebs und mehrere Schlaganfälle hinter sich. Andererseits hat sie uns vor über einem Jahrzehnt, als sie Krebs bekam, mit ihrer Lebenskraft überrascht. Sie ist eine sehr liebevolle Frau, und ich hoffe sehr, dass es endlich wieder gute, nicht nur schlimme Überraschungen in ihrem Leben geben wird.

Es fasziniert mich, dass es in deiner Sprache für »Bruder des Vaters« und »Bruder der Mutter« unterschiedliche Worte gibt, denn wie ich seinerzeit von meinem polnischen Übersetzer erfuhr, ist es im Polnischen genauso. (Er übersetzte damals einen Roman von mir, in dem recht häufig von Onkeln, Cousins, Nichten und Neffen die Rede war, und fragte daher direkt bei mir nach, wie genau nun die einzelnen Charaktere miteinander verwandt seien.) Also haben Tigrinya und Polnisch zumindest diese sprachliche Struktur gemeinsam!

Tolkien – der Autor des *Herrn der Ringe* – hat übrigens versucht, so etwas Ähnliches in Englisch nachzubilden, in dem er den König von Rohan seinen Neffen »Schwestersohn« nennen ließ. Aber das war ein linguistischer Kunstgriff; im ›normalen‹ Englisch war und ist dergleichen nicht üblich. Ich frage mich, warum einige Sprachen diese Art von verwandtschaftlicher Präzisierung entwickeln, und andere nicht; meine Bewunderung für Übersetzer steigt ein weiteres Mal.

Je mehr du mir über den Premierminister von Äthiopien schreibst, desto mehr fühle ich mich daran erinnert, was der amerikanischer Songwriter Tom Lehrer einmal sagte: »Political satire became obsolete when Henry Kissinger was awarded the Nobel Peace Prize.« Es ist vielleicht unfair anderen Nobelpreisträgern gegenüber – wie Martin Luther King oder Carl von Ossietzky zum Beispiel – aber leider scheint der Friedensnobelpreis in den letzten Jahrzehnten mehr und mehr nach dem Prinzip Hoffnung vergeben zu werden, statt auf die tatsächlichen Leistungen und Einstellungen zu schauen, und das ist noch milde ausgedrückt. Übrigens bin ich Henry Kissinger tatsächlich einmal begegnet, was ein sehr eigenartiges, surrealistisches Erlebnis war. Wenn wir uns wieder persönlich treffen, erzähle ich dir davon, denn das Wie und Warum ist eine längere Geschichte, die den Rahmen eines Briefes sprengen würde. Jedenfalls machte ich damals auch eine ähnliche Erfahrung wie du mit dem Journalisten, den du 2019 in Schweden getroffen hast: das heißt da sitzt man jemandem gegenüber, der in aller Seelenruhe eine offensichtliche Lüge erzählt, und er muss wissen, dass man das weiß.

Wobei das immer noch besser ist als das Phänomen, mit dem wir es dieser Tage mehr und mehr zu tun haben: Wenn die Menschen nämlich nicht mehr wissen, dass sie lügen. Wenn man mit einem zynischen Lügner spricht, kann man wenigstens noch davon ausgehen, dass er die Wirklichkeit kennt, das heißt, dass er und man selbst den gleichen Begriff von Realität haben. Bei deinem Journalisten war es ja auch so, dass sich herausstellte, dass er sehr wohl über die realen Zustände in Eritrea Bescheid wusste. Was hingegen heute immer wieder der Fall ist: Da steht man Menschen gegenüber, virtuell oder tatsächlich, die wort-wörtlich glauben, was sie da erzählen, und wenn es noch so abstrus ist. Mit denen man sich nicht mehr auf einen gemeinsa-men Begriff der Realität einigen kann. Derzeit ist ein Teil unse-rer Inlands-Nachrichten von den Skandalen geprägt, dass sich sehr wahrscheinlich mehrere CSU- und CDU-Politiker vom aserbaidschanischen Autokraten Ilham Alijew bestechen ließen.

Ein anderer Teil der Nachrichten gilt dem Umstand, dass die CDU in Thüringen gerade den unsäglichen Hans-Georg Maa-ßen als Direktkandidaten aufgestellt hat, also einen Mann, der so weit rechts außen agiert, dass er ständig Schlagworte der AFD wiederholt und einen irren Fernsehmoderator von *Fox TV* wie Tucker Carlson als seriöse Nachrichtenquelle behandelt. Wenn sich die betreffenden Politiker von Ilham Alijew bestechen lie-ßen, und dafür in höchsten Flötentönen die Demokratie in Aserbaidschan priesen, dann, unterstelle ich mal, wussten sie genau, was sie da taten. Bei Maaßen dagegen bin ich mir nicht so sicher; dem Mann würde ich zutrauen, wirklich in einer völ-lig anderen Realität zu leben und zu glauben, was er da von sich gibt. Das erscheint mir noch gefährlicher als Korruption, aber im Prinzip ist das wohl die Wahl zwischen Skylla und Charybdis.

Nun zu etwas Erfreulicherem. Was du von der Geschenkge-wohnheit deiner Kultur schreibst, ist mir sehr sympathisch, nicht zuletzt, weil ich es mir als angenehme Überraschung für die

Gastgeber vorstelle, hinterher die Geschenke auszupacken, nicht vor den Gästen. Noch eine Frage: Wenn mehr als ein Gast anwesend ist, bedankt sich dann der Gastgeber ganz allgemein bei allen? Und in diesem Kontext – in der Zukunft, wenn wir einander besuchen können – was wäre für dich ein schönes Geschenk, was ich dann auf jeden Fall völlig unauffällig irgendwo deponieren werde?

In diesem Kontext: Jetzt, wo der kalte April endlich hinter uns liegt, möchte ich dich zu einem gemeinsamen Spaziergang in München einladen. In ein Restaurant werden wir immer noch nicht gehen können, aber doch wohl den Sonnenschein genießen, und die sich erneuernde Natur. Wegen des Ortes schreibe ich dir noch per *WhatsApp*. Ist Jana, die 19-jährige Freiwillige, von der du mir erzählt hast, eigentlich schon nach Togo abgefahren? Wenn nicht, dann ist sie ebenfalls herzlich eingeladen, denn wie du sehr richtig schreibst, sind Menschen wie sie Heilmittel für von Extremisten gebeutelte Seelen.

Was deinen Asylantrag betrifft, so drücke ich dir die Daumen. Übrigens: Gibt es dieses Sprachbild – die gedrückten Daumen, wenn man sagen will, man hofft sehr intensiv für jemand anderen – auch in Tigrinya, oder habt ihr ein anderes? Das ist auch eine Frage für unseren Übersetzer. Im Englischen sagt man ja »cross my fingers« –, aber ob die Finger nun gekreuzt oder der Daumen gedrückt wird, eine Bewegung der Handgliedmaßen ist auf jeden Fall dabei.

Es winkt dir nach einem Regenschauer, der sich unversehens in Sonnenschein aufgelöst hat –

Deine Tanja

Liebe Tanja,

wie geht es dir? Aufgrund der schönen Jahreszeit sowie der Lockerungen einiger Corona-Regelungen und den damit verbundenen Hoffnungen auf eine Besserung der Situation, hoffe ich, dass es dir im Vergleich zu der Zeit davor bessergeht. Ich habe mich sehr gefreut, dass wir letztens an einem sonnigen Sonntag zwischen den verregneten Tagen eine schöne Zeit miteinander verbringen konnten. Nymphenburg ist ein wunderschöner Ort. Obwohl ich oft dort gewesen bin, empfinde ich es jedes Mal als friedvoll und idyllisch. Auch wenn ich es dir schon gesagt habe, würde ich es gerne wiederholen, da der Spaziergang und unser Gespräch mir eine große Freude bereitet haben. Ist es dir aufgefallen, dass wir über zehn Kilometer gelaufen sind? Vielen Dank für die schönen Erinnerungen, die du fotografisch festgehalten hast. Hoffentlich werden wir bald einen ähnlich schönen Tag verbringen. Wir haben ja beschlossen, dass wir beim nächsten Mal die Berge in der Nähe von München besuchen werden.

Naturgemäß sind Briefe für die schreibenden Personen gedacht. Bislang habe ich nur solche Erfahrungen gehabt. Es ist herrlich, frei zu sein. Überhaupt ist Freiheit naturgemäß himmlisch. Zwischendurch fällt mir dann unser Projekt ein, der Grund für das Schreiben unserer Briefe, dann möchte ich nur über etwas schreiben, über das ich mir auch relativ sicher bin. Meine Gedanken gehen wieder und wieder durch. Dann suche ich wieder nach einer Bestätigung der Informationen. Geht es dir auch so? Wenn du mal daran denkst, dass unsere Briefe nicht nur für uns beide gedacht sind? Stellst du dir unsere Leser vor? Manchmal habe ich solche Überlegungen und etwas Bedenken.

Bei den Themen, die wir behandeln, stellen wir uns gegenseitig Fragen. Es kann tatsächlich doch so sein, dass unsere Fragen einige Leser besonders interessieren und die Antwort darauf unbedingt wissen möchten. Oder sie möchten unsere Sicht auf eine bestimmte Frage erfahren, aber in unseren Antwortbriefen gehen wir nicht tiefer darauf ein. »Warum hat sie darauf nicht geantwortet?«, »Sie hat es doch anders gemeint, hat die Briefempfängerin die Frage richtig verstanden?«, »Sie hätte ihre Antwort vertiefen sollen« und so weiter ... Bilder von Personen, die solche Selbstgespräche führen, erscheinen mir. Hast du auch schon mal an sowas gedacht?

Ich glaube, ich hatte es mal erwähnt. Im Monat Mai (am 24. Mai) wird die Unabhängigkeit meines Landes gefeiert.

Gern würde ich eine Frage an dich richten, weil mich deine Ansicht sehr interessiert. Was für eine Vorstellung eines Menschen hättest du, der viele Hürden und lebensgefährliche Schwierigkeiten überwinden musste, weil er in seinem Land nicht leben kann, dennoch in der Diaspora den nationalen Unabhängigkeitstag seines Landes feiert? Deine Meinung dazu interessiert mich sehr. Auf diese Frage komme ich, weil ich zurzeit einige Interviews führe sowie einige Beiträge veröffentliche, die in Zusammenhang mit dem Unabhängigkeitstag und der Flucht stehen und die mir erscheinenden Widersprüche.

Im Gegensatz zu früheren Zeiten gibt es heute bessere Möglichkeiten, über Radio und Fernsehen nach Eritrea zu senden. Allerdings kannst du das Internet, WLAN oder andere digitale Möglichkeiten vergessen. Das gibt es nicht!

In der ersten Woche im Mai hatte ich eine Online-Lesung gegeben und Diskussion geführt, die von *PEN Deutschland* organisiert wurde. Bei dieser Gelegenheit wurde angemerkt, dass Eritrea in Sachen Pressefreiheit unter den 180 aufgelisteten Ländern den letzten Platz belegt. Leander Sukov, Vize-Präsident von *PEN Deutschland,* sagte dazu: »Eritrea reiht sich hinter Nordkorea ein? Ich bin entsetzt.« So erstaunt war er, der über die

Unterdrückung und Verschleppung in Eritrea gut informiert ist, aber so bestürzt reagierte er, als würde er zum ersten Mal davon hören. Sein Entsetzen ist absolut berechtigt.

Ich versuchte, meine Emotionen mit etwas Sarkasmus aufzulockern: »Seid doch bitte still, gerade gehe ich durch eine Transformation – vom Leiden zum Schämen.« »Weshalb schämen. Das ist doch nicht dein Problem«, wurde ich getröstet. Es ist wahr, es ist nicht mein Problem. Ich bin nicht der Grund dafür. Eine Lösung dafür habe ich aber auch nicht. (Ich spreche hier anstelle meiner Landsleute, meiner Generation, meiner Leidensgenossen.)

Wir befinden uns gerade in einer Zeit, in der wir Hoffnung durch die Impfung gegen Corona schöpfen können; dass es wieder Möglichkeiten für uns gibt, zu unserem alten Leben zurückzukehren. Die Weltgesundheitsorganisation (WHO) hat einige ärmere Länder, darunter Eritrea, aufgezählt, die Hilfe benötigen. Es ist kaum vorstellbar, dass auf der einen Seite vielen Ländern der Welt nicht ausreichend Impfstoff zur Verfügung steht, und auf der anderen Seite, dass Eritrea wegen seines Desinteresses für den Impfstoff kritisiert wird. Eritrea ist das Land mit dem längsten Lockdown. Die Menschen sind in ihren Häusern eingesperrt, ihre Kinder werden in den Krieg ins benachbarte Land geschickt.

Wenn ich mir überlege, dass unsere Briefe immer wieder zu der Situation meines Landes führen, habe ich Bedenken, ob dir das zu viel wird. Das Land gilt praktisch als isoliert und freie Medien sind dort verboten. Ich denke, diese Tatsachen sind nicht gerade unerheblich, um das Land für dich interessant erscheinen zu lassen. Solche Argumente kommen mir in den Sinn. Kannst du Gegebenheiten in deinem Leben finden, die dir helfen könnten, einen Vergleich mit einem Leben am anderen Ende der Welt zu ziehen?

In deinem letzten Brief hattest du vorgeschlagen, ob Jana, die mir beim Erlernen der deutschen Sprache half, bei unserem

Spaziergang dabei sein möchte, falls sie noch nicht nach Togo abgereist ist. Jana war vor unserem Spaziergang leider schon in Togo. Wir schreiben und rufen uns gegenseitig an. Sie hat mir erzählt, dass ihr Aufenthalt dort ihren Erwartungen nicht entsprechen würde. Trotzdem denke ich, dass sie in Togo eine einigermaßen gute Zeit verbringen und Erfahrungen sammeln wird. Selbstverständlich wird es nicht ganz leicht sein. Ohne es verallgemeinern zu wollen, würden mir wahrscheinlich einige der Schwierigkeiten und Herausforderungen, mit denen Jana konfrontiert ist, etwas einfacher fallen, da wir beide unterschiedliche Kindheiten und Erziehung genossen haben. Was Bestrafen betrifft, zum Beispiel. In der Zwischenzeit hat sie sich an das dortige Leben gewöhnt oder es akzeptiert. Sie ist zufriedener als sie am Anfang war, schrieb sie mir. Sie wird wahrscheinlich auch einen Monat länger bleiben als geplant.

Die Lockerungen des Lockdowns geben Hoffnung. In den letzten Wochen haben Restaurants und Cafés wieder geöffnet und andere Unternehmen beabsichtigen das gleiche. Zwei Mal ließ ich in Apotheken Corona-Schnelltests machen. Es ist eine gute Sache, dass das Ergebnis innerhalb einer Viertelstunde ausgehändigt wird. Eine Negativbescheinigung ist allerdings nur einen Tag lang gültig, so ist das Gefühl ›frei‹ zu sein nur von kurzer Dauer. Das erste Mal wurde mir mit einem Wattestäbchen Abstriche aus dem Mund genommen, was ganz einfach war.

Den zweiten Test machte ich mit Isabella, mit der ich zum Mittagessen verabredet war und deswegen einen Test für das Restaurant brauchten. Er wurde, anders als beim ersten Mal, an der Nase durchgeführt. Unfassbar. Mir flossen die Tränen. Die Schmerzen verspürte ich bis in den Kopf! Wir waren sogar so weit zu sagen: »Hätten wir bloß lieber darauf verzichtet.« Begleitet von Tränen und Nasenschmerzen wurde es ›zum Tag des ersten Mittagessens draußen‹ nach den Lockerungen. Wir wünschten uns, dass es keinen weiteren Lockdown mehr geben möge.

Ein Termin, der mit dem Fotografen Dirk Skiba wegen Corona seit September 2020 immer wieder verschoben wurde, fand im Mai statt. Er erzählte mir, dass ihr euch kennt. Ich habe auch gesehen, dass ihr auf Facebook befreundet seid. Er bereist viele Länder und hat schon viele Autoren getroffen. Zwischen seinen vielen Terminen kam er zu mir, um Aufnahmen mit den handgeschriebenen Schriften zu machen. So wie ich ihn verstanden habe, möchte er ein Buch mit einer Sammlung von Fotografien über handgeschriebene Schriften von unterschiedlichen Autoren veröffentlichen. Ich habe ihn allerdings nicht gefragt, ob er sein Vorhaben als Hobby oder im Rahmen seiner Arbeit macht.

Als ich sein starkes Interesse für das Handgeschriebene sah, kam mir ein wiederkehrender Gedanke in den Sinn. Seit 2004 schreibe ich komplett am Computer, und seitdem hat sich meine Handschrift verschlechtert. Mittlerweile finde ich das Schreiben mit der Hand sogar mühsam. Dennoch spricht das Handgeschriebene das Herz und die Emotionen mehr an. Ich bewahre einige handgeschriebene Texte von mir. Wenn ich etwas davon lese, erscheinen mir Bilder und Erinnerungen aus der Zeit, als der Text entstand. Im Gegensatz dazu konzentrieren sich meine Gedanken nur auf den Inhalt des Textes, wenn ich Texte lese, die auf einem Computer geschrieben wurden. Ich habe das Gefühl, dass mit der Weiterentwicklung der Technologie irgendwann Geschichte sein wird, dass Menschen früher mal mit der Hand geschrieben haben. Kommen dir auch solche Gedanken dazu?

Die Ehrung von Sophie Scholl zu ihrem Geburtstag hat mich sehr begeistert. Ja, sie war mutig, stand für Gerechtigkeit und Freiheit, deshalb lebt sie ewig. Obwohl mein Wissen darüber sehr eingeschränkt ist, so fände ich es ihr gebührender, nicht dem Geburtstag (dem 9. Mai 1921), sondern dem Tag ihrer Hinrichtung (dem 22. Februar 1943) zu gedenken. Meiner

Ansicht nach würde der Tag ihrer Hinrichtung als die ›Liqui-
dierung von Tapferkeit und Gerechtigkeit‹ empfunden, was den
Kampf für Gerechtigkeit umso mehr befeuern könnte. Überhaupt – was sollen wir größer gedenken oder feiern: Das Datum,
an dem wir etwas erhalten haben, was wir zuvor nicht hatten,
oder das Datum, an dem wir etwas verloren haben, was wir schon
hatten? Es gibt Tage, an denen man beginnt, über ein Thema
zu grübeln. Die Gedanken fangen an zu rasen und der Weg wird
endlos. Wenn ich an das Alter von Sophie Scholl, ihrem Bruder
und dem Freund denke, sehe ich sie mit ihrer Tapferkeit und Tat
als Menschen einer bestimmten Generation, die Geschichte
geschrieben haben.

»Steh zu den Dingen, an die du glaubst. Auch, wenn du
alleine dort stehst!« Sophie Scholls Worte. Das Leben und der
Kampf von Sophie und ihren Mitkämpfern haben sich in der
Stadt abgespielt, wo wir beide heute leben. Dieses Stück
Geschichte lässt bei mir Bilder entstehen. Am 5. September 1939
schrieb Sophie Scholl: »Ich kann es nicht begreifen, dass nun
dauernd Menschen in Lebensgefahr gebracht werden von anderen Menschen. Ich kann es nie begreifen und finde es entsetzlich.
Sag nicht, es ist fürs Vaterland.« Es gibt immer noch Menschen,
denen das auch nach 82 Jahren nicht einleuchtet.

Deiner Tante wünsche ich auch nur das Beste. Wie in seinem
Buch J. R. R. Tolkien die Bezeichnung ›Schwestersohn‹ für seinen Neffen benutzt, tauchen auch in Tigrinya ähnliche Benen-
nungen auf. Es ist außerdem üblich in Tigrinya, dass Gegen-
stände nach deren Zweck benannt werden – zum Beispiel an
der Stelle von ›Winchihti‹ benutzen wir im Alltag ›Brotkorb‹.
Übrigens, wundere dich nicht, falls du hin und wieder italienische Wörter in Tigrinya entdeckst. Bis sich mein Interesse für
das Schreiben richtig entwickelte, wuchs ich mit unzähligen
italienischen Wörtern auf, die ich für Tigrinya hielt.

Wie ich es dir schon mal erzählt habe und du auch aus verschiedenen Gelegenheiten erfahren hast, ist die Nutzung von

Familiennamen in großen Teilen Eritreas nicht üblich. Auch in Äthiopien ist es nicht gebräuchlich. Im Sudan, Somalia, oder Indonesien soll es auch ähnlich sein, wie ich es gelesen habe. Die Namensgebung in Island scheint ebenfalls von der europäischen Norm abzuweichen. Mir war bekannt, dass Familiennamen vor allem in westlichen Kulturen üblich sind. Nie habe ich jedoch daran gedacht, wie und warum diese entstanden sind, oder dass ich mich eines Tages damit beschäftigen würde. Als ich 2018 in Kampala (Uganda) war, hatte ich einen ugandischen Arzt namens Nikolas. Eines Tages, während ich im Wartezimmer wartete, wurde nach »Miss Mebrahtu« gerufen. Der Name war mir als Habesha-Name* schon vertraut, ich wusste aber nicht, wer angesprochen war. Ich schaute mich um, ob noch andere Habeshas im Raum sind. Mein Arzt lachte laut und sagte zu mir: »Du bist es«. Mebrahtu ist der Name Großvaters, aber ich wurde nie so genannt. Da der Name männlich ist, klingt es für mich witzig, wenn eine Frau danach genannt wird. »Das habe ich mit Absicht gemacht, weil ich weiß, ihr benutzt keinen Familiennamen. Wenn du nach Europa gehst, werden sie dich so nennen, und vielleicht nicht finden, obwohl du vor Ort sitzt. Damit du dich an deinen Nachnamen gewöhnst, habe ich dich so gerufen«, sagte er und wir lachten zusammen.

Es war das erste Mal, dass ich mit dem Namen meines Großvaters gerufen wurde. Als ich nach Deutschland kam, wartete ich bei vielen Gelegenheiten gespannt darauf, ob sie mich mit den Namen meines Vaters oder Großvaters ansprechen. Wenn ich die Möglichkeit hatte, direkte Gespräche mit Journalisten zu führen, bat ich sie, mich in ihren Berichten zuerst bei meinem vollständigen Namen zu nennen. Danach bitte ich sie, gerne »Yirgalem« zu benutzen. Damit werden ihre gewohnten Schreibweisen und Ausdrucksformen gebrochen, das ist mir klar. Keine Ahnung, ob meine Wünsche an der Stelle störend wirken? In

*Eine Bezeichnung für Menschen aus Äthiopien und Eritrea.

den meisten Fällen steht mein Name jedoch so, wie du ihn auch kennst.

Deine besten Wünsche bezüglich meines Asylantrags kann ich sehr gut gebrauchen. Ich lege meine Hand auf das Herz. Das ist eine Geste bei uns als Zeichen von Dankbarkeit. Aufgrund der ethnischen Vielfalt (insgesamt gibt es neun ethnische Gruppen in Eritrea) können verschiedene Handzeichen verschiedene Bedeutungen haben. Deshalb möchte ich mich hauptsächlich auf das beschränken, das aus der Gegend kommt, in der ich aufgewachsen bin und was mir bekannt ist. Beispielsweise >Daumen hoch< kann bei uns zwei verschiedene Bedeutungen haben: Zum einen steht es für »Du hast recht, mach weiter so ...« (wie es auch in vielen Regionen der Welt üblich ist); und zum anderen für eine verweigernde Haltung (was meistens von Kindern verwendet wird). Die Art der Daumenbewegung in Zusammenhang mit dem Gesichtsausdruck dürfte jedoch zu verstehen geben, um welche Botschaft es sich dabei handelt. Den Zeigefinger auf eine Person zu richten, hat – ähnlich wie hier – eine drohende Bedeutung. Wenn eine Mutter ihrem Kind jedoch das Fingerzeichen zeigt, was in der Tauchersprache als >alles bestens< gelesen wird, droht dem Kind eher Donnerwetter.

Deine Ausführungen über die innenpolitischen Entwicklungen der letzten Wochen, über Bestechungsskandale, Lügen und den Nationalismus – das alles brachte mich zum Nachdenken. Was bedeutet das alles? Ich frage mich, ob auch in der Demokratie und in Freiheit der Betrug üblich ist?

Mit Bezugnahme auf den Punkt >Geschenk< werde ich den heutigen Brief beenden. Es ist richtig, dass der Gastgeber sich bei jedem einzelnen Gast – unabhängig von deren Anzahl – bedanken muss. Der Gastgeber muss jedoch geschickt herausfinden, welcher Gast was mitgebracht hat, da er sich irgendwann bei gegebenem Anlass revanchieren möchte. Mitbringsel zu Besuchen oder Einladungen werden in den meisten Fällen locker gehandhabt. Geld- oder Sachgeschenke bei Hochzeiten oder vergleichbaren größeren Anlässen können am Ende des Tages jedoch als Schulden betrachtet werden. Es bleibt nicht aus, dass es bei vergleichbaren Gelegenheiten zurückgeschenkt wird. Letztes Jahr bekam ich einen Besuch von einem Eritreer, der seit vielen Jahren in Deutschland lebt. Er brachte mehrere Geschenke mit. Ich bedanke mich und sagte ihm, er hätte sich nicht so viel Mühe machen sollen. Seine Geschenke öffnete ich aber nicht gleich. Ich dachte mir, es könnte verstanden werden, als hätte ich es kaum erwarten können, was der Gast mitgebracht hat. Andererseits hatte ich Bedenken, es könnte auch so verstanden werden, als wäre ich desinteressiert. Während ich zwischen diesen beiden Gedanken schwebte, packte ich irgendwann die Geschenke aus, als ich dachte, jetzt könnte der richtige Moment sein. »In Deutschland öffnet man das Geschenk sofort«, ließ er mich wissen. Das habe ich mir sofort gemerkt.

Auf deine Frage, was mir gefallen würde, wenn du mich besuchst, kommt mir als erstes der Gedanke, dass ich beim Entgegennehmen von Geschenken immer ein schlechtes Gewissen habe. Darauf folgt dann aber die Freude. Ich muss auf jeden Fall daran arbeiten. Wahrscheinlich hat das alles auch mit meiner Erziehung zu tun, in der eine Kultur des Schenkens und Entgegennehmens von Präsenten zum Geburtstag oder zu ähnlichen Anlässen nicht üblich ist. Du solltest auf jeden Fall wissen, dass du mir bereits ein großes Geschenk machst, in dem du mir deine wertvolle Zeit für gegenseitiges Schreiben, für die vielen Gespräche und den Austausch von Erfahrungen gibst. Da du mich nun darauf aufmerksam gemacht hast, so kann ich dir schon sagen, dass ich nach deinem Besuch meine Wohnung nach einem versteckten Geschenk gründlich durchforsten werde.

In der Hoffnung, dass wir uns bald persönlich oder schriftlich begegnen, wünsche ich dir eine schöne Zeit und alles Gute!

Deine Yirgalem

5

Liebe Yirgalem,

in den letzten Wochen habe ich mehr akademische Texte geschrieben als irgendwann in meinem Leben seit meiner Zeit an der Universität. Nachdem ich so lange hauptsächlich Romane und Kurzgeschichten verfasst habe, und nur sehr gelegentlich Essays, fühlt sich das ein wenig an, als würde ich zu dem alten Auto mit Gangschaltung zurückkehren, welches ich als Studentin fuhr. Womit ich nicht sagen will, dass es schlechter als das Verfassen von belletristischen Texten ist! Nur eben anders; es gilt, andere Prioritäten zu beachten, und wenn man darauf nicht achtet, säuft einem das Auto ab – respektive der Text ist im Eimer.

Außerdem war ich mit (Roman-)Lesungen und (akademischen) Vorträgen unterwegs. Es ist ein gutes Gefühl, wieder vor präsentem Publikum sprechen zu können. Natürlich mit Sicherheitsmaßnahmen. Aber sie sind tatsächlich da, nicht nur als kleine Punkte auf dem Bildschirm zu sehen, und reagieren auf das, was ich erzähle. Dieses Gefühl habe ich vermisst. Du fragst mich, wie ich mir die zukünftigen Leser unserer Briefe vorstelle: derzeit unwillkürlich mit FFP2-Maske in einem hohen Raum, oder an einem Sommerabend im Freien. Übrigens, als ich seinerzeit mit neunzehn meinen ersten Roman schrieb, der von dem englischen Dichter Lord Byron, seiner Schwester und seiner Ehefrau handelte, waren es die (veröffentlichten) Briefe aller

Beteiligten, die mir als Jungschriftstellerin das Gefühl gaben, so etwas wie ihre Stimmen hören und mich in ihre Mentalität einfühlen zu können. Briefe und Korrespondenzen bleiben für mich Lieblingslektüren, unabhängig davon, ob ich sie für Romanthemen nutzen kann. Als ich für meine Dissertation über den Schriftsteller Lion Feuchtwanger in Los Angeles recherchierte und in seinem an der dortigen University of Southern California deponierten Nachlass stöberte, war ich fasziniert davon, neben so berühmten Briefpartnern wie Brecht, die Brüder Mann oder Charlie Chaplin auch einen (damals) jungen Studenten namens Wolfgang Berndt zu finden, den ich selbst noch als alten Mann gekannt habe. Wolfgang Berndt war der erste Deutsche, der nach dem zweiten Weltkrieg über Lion Feuchtwanger eine Doktorarbeit schrieb, und daraus entwickelte sich ein Briefwechsel zwischen dem (damals) weltberühmten alten Autor im Exil und dem jungen Mann, der nie berühmt werden sollte. Er wurde in eine Diktatur geboren, in der er ein Verbannter war, der sonst ermordet worden wäre, und versucht, sich erst in der DDR der frühen 50er Jahre und dann – nach seiner eigenen Flucht – in Westdeutschland eine Existenz aufzubauen. Vielleicht gerade deswegen lesen sich diese Briefe sehr menschlich und anrührend.

Durch meine intensive Beschäftigung mit den Exilschriftstellern der 1930er und 1940er Jahre gehörten sie zu den ersten, die mir einfielen, als du von mir das Bild eines Menschen wolltest, der nicht in seinem Land leben kann, fliehen musste, und dennoch in der Diaspora den nationalen Befreiungstag seines Landes feiert. Aber als allererstes musste ich an eine weit über neunzigjährige fabelhafte alte Dame namens Bea Green denken, die noch heute in London lebt und als Beate Siegel in München geboren wurde. Sie hat Deutschland seinerzeit als Vierzehnjährige durch das sogenannte »Kindertransportprojekt« verlassen und in England eine neue Heimat gefunden. Von ihrem Vater gibt es ein berühmtes Foto; er war bis 1933 ein angesehener Münchner Anwalt gewesen. Dann wurde er verprügelt, man schnitt ihm die Hosenbeine ab, schlug ihm die Zähne ein, und als Höhepunkt der Demütigung wurde er von den Nazis durch die Straßen getrieben, mit einem Schild um den Hals, auf dem stand: »Ich werde mich nie mehr bei der Polizei beschweren.« Bea kann sich noch gut an die blutigen Kleider ihres Vaters erinnern. Es wäre also verständlich gewesen, wenn sie nach dem Krieg nie wieder nach München hätte zurückkehren wollen. Stattdessen besuchte sie, so lange ihre Gesundheit das noch zuließ, die Stadt fast jedes Jahr, seit ich sie Anfang des Jahrtausends kennengelernt habe. Sie spricht Deutsch immer noch mit einem münchnerischen Akzent, und wenn man sie fragt, als was sie sich sehe, dann ist »Bayerin« das zweite, das sie aufzählt. Wenn ich ihr ab und zu Fotos aus München und dem Alpenvorland schicke, ist sie begeistert und teilt sie gleich mit ihren Söhnen und Enkeln. Mit 70 Jahren fing sie an, Bildhauerei zu lernen und in Ton und Holz zu arbeiten. Sie strahlt eine unglaubliche Lebensfreude aus, und flirtet selbst jetzt noch gerne. Wenn ich sie in London, wo sie wohnt, besuchte, dachte ich mir jedes Mal: Wenn ich mein Leben nur halb so gut meistere wie sie, dann habe ich sehr, sehr viel Glück. Beas Hände, die einer Neunzigjährigen, die immer noch Neues schaffen und sich nach anderen ausstrecken, und ihre Stimme mit dem Londoner Englisch einerseits und dem Deutsch mit Münchner Zungenschlag andererseits, das ist das Bild, das ich für dich malen möchte.

Was du von Eritrea erzählst, könnte mir nie zu viel werden. Ich bin sehr froh, dass ich durch dich Einblicke bekomme, wie sie durch Medien kaum möglich sind, auch, weil hierzulande leider immer noch kaum über dein Heimatland berichtet wird. Im Gegensatz zu Äthiopien, immerhin. Da gab es in den letzten Monaten immer mehr und immer düsterere Artikel in den Zeitungen. Jedes Mal, wenn ich eine weitere Meldung über Äthiopien in der Zeitung lese, muss ich an all das denken, was du mir über den Premier dort gesagt und geschrieben hast. Ich wünschte, du könntest eine regelmäßige Kolumne zu dem

Thema verfassen, die wäre bestimmt einsichtsvoller und vorausschauender als so mancher dieser Artikel.

Ein Test durch Nasenabstrich – autsch. Ich bin inzwischen geimpft, und hoffe, dass ich diesen speziellen Test nicht machen muss, aber man weiß ja nie, was noch auf einen zukommt. Meine Eltern und ich sind weiterhin gesund. Aber leider ist im letzten Monat meine Tante gestorben, von der ich dir erzählt hatte. Nicht an Covid-19, und es geschah nach langer Krankheit, also nicht überraschend. Aber es hinterlässt doch den Schmerz im Herzen, den man fühlt, wenn ein geliebter Mensch geht, der einen das ganze Leben lang begleitet hat. Durch ihren zunehmenden körperlichen Verfall hatte sich außerdem ihre Welt mehr und mehr verkleinert, und zum Schluss konnte sie ohne Hilfe überhaupt nichts mehr tun. Es macht einen großen Unterschied, im Lockdown gesund mit der Aussicht zu leben, eines Tages wieder die Welt als Mensch unter Menschen erfahren zu können, oder durch den eigenen Körper in einen Raum eingesperrt zu sein. Wenigstens war sie umgeben von Menschen, die sie liebten, aber mir ist immer noch nach Weinen zumute, wenn ich an meine Tante denke.

Was du über den Verfall der Handschrift durch das ständige Schreiben am Computer bemerkst, kann ich nachvollziehen. Ich mache mir hin und wieder immer noch handschriftliche Notizen, wenngleich selten, und da niemand als ich selbst sie lesen muss, sieht meine Handschrift dabei fürchterlich aus. Meine Lehrer wären entsetzt. Vor ein paar Jahren erzählte mir der Chef eines Kinderbuchverlags einmal konsterniert, einige Kleinkinder, denen man Bilderbücher vorlege, würden inzwischen darauf herumtippen, als handele es sich um die Oberflächen von Handys oder iPads. Das ist schon extrem. Aber wird die Kunst des Handschreibens einmal ein so archaisches Element in Geschichten sein, wie es beispielsweise die Vortragskunst der Barden in den Zeiten Homers jetzt ist? Das glaube ich nicht, aus einem einfachen Grund: Technologie kann ausfallen. (Und sei es aus einem so banalen Grund, weil man das Ladegerät vergessen hat, um von düsteren Gründen wie Diebstahl, dem Verlust durch Unglück wie jetzt den Flutkatastrophen oder anderen dieser Art ganz zu schweigen.) Deswegen wird es immer nützlich bleiben, Kindern beizubringen, wie man mit der Hand schreibt.

Nun bin ich von Berufs wegen öfter in der Situation, auf alte Handschriften zu starren, und ich kann dir sagen, so schön sie auch manchmal anzuschauen sind, so froh bin ich, wenn maschinengetippte Transkripte existieren, denn das Entziffern fällt mir doch häufig sehr, sehr schwer, je mehr, desto älter die fragliche Handschrift ist. (Feuchtwangers Freunde und Bekannte, wie auch er selbst, nutzten dankenswerter Weise in der Regel die Schreibmaschine. Sehr nützlich für zukünftige Studentinnen wie mich, die diese Briefe so problemlos lesen konnten.)

Wahre Geschichte: Mir hat mal ein Autor eine handschriftliche Widmung ins Buch gesetzt. Er wurde unterbrochen, nachdem er einen Satz zur Hälfte geschrieben hatte; jemand sprach ihn an und wollte eine Auskunft. Besagter Autor erteilte die Auskunft, wollte dann die Widmung für mich weiterschreiben und stellte fest, dass er weder wusste, was er eigentlich hatte schreiben wollen, noch den begonnenen Satz in seiner eigenen Handschrift lesen konnte. Wer das war, erzähle ich dir, wenn wir uns wiedersehen. Alle anderen Leser dürfen raten.

Was das Gedenken an Sophie Scholl betrifft, so glaube ich nicht, dass wir uns zwischen dem Geburtstag und dem Todestag entscheiden müssen. Der Geburtstag wurde besonders gefeiert, weil sie in diesem Jahr – 2021 – hundert Jahre alt geworden wäre. Das heißt, es war nicht der Tag, sondern der Tag in Kombination mit dem Jahr. 2024, wenn ihr Todestag 80 Jahre her sein wird, dann wird es auch da die entsprechenden Ehrungen geben. Wir sind in diesem Teil der Welt auf ›runde‹ Geburts- und Todestage zu besonderen Feiern geeicht; verhält es sich in Eritrea anders? Nicht, dass die Scholls nicht immer präsent sind. Warst du schon einmal in der Universität, wo Sophie und Hans Scholl ihre Flugblätter verteilten und verhaftet wurden? Dort befindet sich jetzt eine sehr schöne und informative Gedenkstätte, mit nicht nur deutschen, sondern auch englischsprachigen Tafeln, und sie sollte jetzt wieder zugänglich sein. Wirklich wichtig sind allerdings weniger die Gedenktage und -räume, und mehr, dass wir die Gedanken und Worte von Menschen wie den Scholls im Bewusstsein tragen, und nicht aufhören, uns damit auseinanderzusetzen. Ich meine das nicht einfach im Sinne von ›zitieren‹ oder gar ›folgen‹ – oft genug werden mutige Äußerungen der Vergangenheit in leere Phrasen verwandelt, indem man sie endlos repliziert, statt über sie nachzudenken. Die Tochter von Martin Luther King hat wiederholt gesagt, dass ihr Vater jetzt von den gleichen Menschen als Nationalheiliger behandelt wird, die ihn zu Lebzeiten als Terroristen bezeichnet hätten, Menschen, die ihn nicht als Widerstandskämpfer wahrnehmen, sondern wie ein Sammelsurium von Kalenderweisheiten behandeln. Ich glaube, ich verstehe, was sie meint, und versuche, mich selbst davor zu hüten.

Was du über den mangelnden Gebrauch von Familiennamen in Eritrea und Äthiopien schreibst, erinnert mich daran, dass deren Gebrauch in Deutschland auch gar nicht so alte Tradition ist, wie man meinen möchte. Nur ein paar Jahrhunderte. Die meisten Familiennamen haben sich aus Herkunftsorten oder Berufen entwickelt. Die ›Vorname‹ ›Familienname‹-Reihenfolge variiert ja auch von Sprache zu Sprache; im Ungarischen beispielsweise ist es ›Familienname‹ ›Vorname‹. Wenn der Name, mit dem du hier angesprochen wirst, der deines Großvaters respektive Vaters ist, muss das in der Tat sehr befremdlich für dich klingen. Hier wäre ›Familienname‹ sogar der falsche Ausdruck, finde ich, denn so, wie du es mir erklärst, sind es ja eben nicht alle Familienangehörigen, sondern nur die männlichen, die diesen Namen in Eritrea tragen. Ich finde es richtig, dass du Journalisten deine Präferenz nennst. Korrekt angeredet zu werden, ist doch das Mindeste, worauf wir alle Anspruch haben!

Natürlich hat sich keiner von uns seine Namen selbst ausgesucht, das haben die Eltern (oder, wenn es diese aus dem einen oder anderen Grund schon nach der Geburt nicht mehr gab, andere Erwachsene) getan, aber wir wachsen mit ihnen auf und in sie hinein, und dann behalten wir sie entweder, oder wählen andere. Als Autorin besteht ohnehin die Möglichkeit, sich ein Pseudonym zuzulegen, doch ich war mit sowohl mit ›Tanja‹ als auch mit ›Kinkel‹ immer ganz zufrieden, also habe ich abgelehnt, als mein erster Verlag mich seinerzeit fragte, ob ich unter einem anderen Namen veröffentlichen wollte. Hast du dir je einen anderen Namen als ›Yirgalem‹ gewünscht? Ich nehme an, ein Pseudonym hätte dir in einer heutigen Diktatur auch nichts genützt, anders als in früheren Jahrhunderten, wo sich kritische Journalisten wenigstens hinter anderen Namen eine Zeit lang verstecken konnten. Aber abgesehen von politischen Gründen: Hast du je anders heißen wollen? Irgendwie hat die Vorstellung schon etwas. Man schafft sich sozusagen ein zweites Selbst. Kurt Tucholsky war in dieser Hinsicht besonders kreativ und schrieb nicht nur unter seinem eigenen Namen, sondern auch als ›Peter Panther‹ und ›Theobald Tiger‹ sowie ›Ignaz Wrobel‹. Vielleicht sollte ich demnächst die akademischen Sachen als ›Dora Donnerstag‹ veröffentlichen ...

Ehe ich mich wieder an die Essays mache – und eine Kurzgeschichte, die ich Leo Seidel (ein PEN-Kollege, vielleicht kennst du ihn?) für seine Anthologie versprochen habe–, lass mich dich fragen, wie es inzwischen mit deinem Asylantrag steht, mit einer Hand auf dem Herzen.

Bleib gesund, ich grüße dich –

Tanja

Liebe Tanja,

Wie geht es dir? Danke nochmals für die gemeinsam verbrachte Zeit am Tegernsee. Es war ein sehr schöner Tag. In der Gegend, wo ich wohne, laufe ich öfters mehr als eine Stunde. Allerdings nicht regelmäßig. Wir waren so lange zu Fuß unterwegs, wie ich seit Jahren nicht mehr gewesen bin. Wir sind ja um den halben See gewandert. Die ganze Atmosphäre und Stimmung hinterließ bei mir nicht nur einen tiefen Eindruck, sondern es kamen mir auch viele Erinnerungen an die Heimat.

Habe ich dir schonmal erzählt, dass sich der Sommer hier von dem bei uns in Eritrea unterscheidet? Die Zeit, in der wir uns gegenwärtig befinden, wird bei uns auch als Sommer bezeichnet. In dieser Jahreszeit schließen die Schulen und die Schüler haben Ferien. Während fast das ganze Jahr lang die Sonne scheint, beginnt es im Sommer dann zu regnen. Hier bei euch ist der Sommer im Großen und Ganzen sonnig. Aufgrund des Regens und des Schlamms sind in der Sommerzeit beziehungsweise Regenzeit sämtliche Tätigkeiten in der Landwirtschaft und im Handel sowie das Reisen besonders erschwert. Hier ist es genau das Gegenteil, dennoch sprechen wir in beiden Fällen vom Sommer.

Als wir am Tegernsee waren, habe ich dir bereits gesagt, wie fasziniert ich war, nicht nur wegen der grünen Umgebung, sondern auch, weil alles um den See so ruhig und friedlich ist. Unsere Begegnung und die gemeinsame Zeit war eine gute Abwechslung zu unserem Briefwechsel. Nach der Verabschiedung von dir machte ich mir auf dem Heimweg Gedanken, wie ich das gemeinsam Erlebte aufs Papier bringen kann.

Nachdem ich zuhause war, schrieb ich einen kurzen Text mit dem Titel »Vom Tegernsee zum Roten Meer«, der vom Radio Erena gesendet wurde. Der Name des Radios Erena leitet sich von Eritrea ab. Der Sitz des Senders ist Paris. Über das Radio senden eritreische Journalistinnen und Journalisten sowie verschiedene Autoren ihre Beiträge und finden viel Gehör innerhalb Eritreas. Seit fast einem Jahr verfasse ich regelmäßig Beiträge für diesen Sender. (Radio Erena wurde während meiner Inhaftierung gegründet. Beim Verhör wurde ich beschuldigt, dass ich Kontakt zu einem anderen Radio hätte, das damals aus Äthiopien zu senden begann. Ich hatte damit nichts zu tun und wusste auch nicht von dessen Existenz. Damals scherzte ich mit meinen Mithäftlingen, wenn mir schon solche Anschuldigungen gemacht werden, dann lieber wegen eines angeblichen Kontakts zu Radio Erena.

Seit meiner Kindheit wurde erzählt, dass wir über eine 1000 Kilometer lange Küste am Roten Meer verfügen, was ein Teil des Nationalstolzes ist. Das herrschende Regime nutzt diese natürliche Gabe und die Ressource für seine kriegerische Agenda, mit der Begründung, fremde Mächte würden nicht ruhen, bis sie unsere Küste und den Zugang zum Roten Meer vereinnahmt hätten.

Später habe ich verstanden, dass eine Küste weder zum Protzen da ist, noch wie Gold auf der Bank deponiert werden kann. Ich bin zwar aus dem Hochland, aber es bleibt doch sehr merkwürdig und eine eritreische Eigenart, dass man in einem Küstenland aufwächst, ohne Fischgerichte zu kennen. Das Meer ist so groß und reichhaltig, dass in jeder eritreischen Familie der Fisch als Hauptnahrung auf den Tisch gehören müsste. Nur wenige afrikanische Länder sind mit so einer langen Küste gesegnet. Dennoch kannte ich in meiner Kindheit nur Sardellen aus der Dose; frische Fische hatte ich nie gegessen. Auch den Strand am Roten Meer konnte ich nicht genießen, wie ich den Tegernsee genießen konnte. Diese Vergleiche kreisen in meinem Kopf.

Als ich an unsere Wanderung dachte, fiel mir noch ein Ereignis ein. Ob es das heute noch gibt, weiß ich nicht, aber bis vor wenigen Jahren war es üblich, dass Schülerinnen und Schüler der Sekundarstufe während der Sommerferien aus dem ganzen Land zusammenkamen und verschiedenartige Aufbauarbeit leisteten – offiziell als ›Summer Greening Campaign‹ bekannt. Für die Jugendlichen war es eine neue Erfahrung. Sie verließen ihr Zuhause, um Aufbauarbeit zu leisten, und verbrachten zwei Monate mit Altersgenossen aus verschiedenen Regionen des Landes und mit unterschiedlichen kulturellen und sprachlichen Hintergründen. Das Sommerprogramm beinhaltete auch einen Fußmarsch, weshalb das ganze Unternehmen als eine Vorbereitung für das bevorstehende und verpflichtende Militärtraining betrachtet werden kann.

Was den Fußmarsch angeht, nimmt dieser während des Militärtrainings eine schlimme Form an. 2002 ging ich dafür nach Sawa, ohne jeglichen Zweifel, sondern im Gegenteil, mit Freude und Zuversicht. Doch bei meiner Rückkehr war ich in jeder Hinsicht niedergeschlagen. Den Ort kann ich zusammenfassend wie folgt beschreiben: »Sawa ist etwas, was du freiwillig, mit Freude und Liebe tun wolltest, aber stattdessen, wirst du gezwungen, alles zu tun, was du niemals tun wolltest. Ein Ort, an dem deine Motivation und Vision ins Gegenteil verwandelt werden.« Genau das war es, was Sawa mit mir getan hat. Junge Menschen sind eigentlich schnell dabei, ihr Land bedingungslos zu lieben und sich grenzenlos aufopfern. An diesem Ort aber nehmen sie dir alles weg. Aus Motivation und Opferbereitschaft werden Groll und Hass.

Eines Tages brachen wir zum nächtlichen Fußmarsch auf. Wir zogen unsere militärische Kleidung ordentlich an, trugen unsere Gewehre, füllten Flaschen mit Wasser auf, wickelten unsere Bettlaken und waren startbereit. (Das Bettlaken, wurde uns gesagt, dient als Unterlage auf einem harten und steinigen Boden, als eine Decke bei Kälte und im Sterbensfall als ein Leichentuch.) Außerdem hatten wir eine Schaufel, eine Hacke und eine Liege, die wir abwechselnd trugen.

Nach einem sehr langen Fußmarsch waren viele von uns müde und schläfrig. Ich gehörte zu den Rekrutinnen, die müde und schläfrig marschierten. Eine andere Rekrutin, die tatsächlich mit geschlossenen Augen lief, verließ die Reihe. Wir, die hinter ihr marschierten, folgten ihr gedankenlos. Als sie über einen Stein gestolpert in eine Grube fiel, wachte die ganze Einheit auf. Zum Glück wurde sie nicht verletzt, aber als ihr Gewehr oder die Schaufel, die sie trug, auf den Boden fiel, wurden durch das laute Geräusch alle Teilnehmer und Ausbilder wachgerüttelt. Stell dir mal vor, alles in der finstersten Dunkelheit und irgendwo in der Wüste oder im Busch. Selbst sehenden Auges war der ganze Fußmarsch unzumutbar.

Bevor ich auf den Inhalt deines Briefes und auf einige Punkte näher eingehe, möchte ich dir gerne von meinen Aktivitäten in den letzten Tagen berichten. Der Monat September wird in Eritrea als die Zeit erinnert, in der per Deklaration öffentlich Herausgeber und Journalisten von unabhängigen Zeitungen festgenommen und zahlreiche Persönlichkeiten, die hohe Ämter bekleideten, entführt und verhaftet wurden. Alle sind seitdem verschwunden. Der 18. September gilt daher als ein Gedenktag an das desasträse Ereignis des Jahres 2001.

In den vergangenen Tagen verfasste ich eine Serie von Briefen an diejenigen, die ich vor 20 Jahren, als ich sehr jung war, persönlich kennenlernen durfte, und die ich sehr bewunderte. Wenngleich ich heute nicht weiß, ob sie noch am Leben sind, verfasste ich Briefe an sie. Darin erläuterte ich meine Vorstellung, wie es ihnen ergehen könnte und über unser Leben nach ihren Entführungen und Verhaftungen. Diese Briefe veröffentlichte ich nach und nach in den letzten Tagen. Mein Ziel ist es, einen kleinen Beitrag zu leisten, damit sie nicht in Vergessenheit geraten und dass vor allem die junge Generation ein Bild von ihnen bekommt. Bisher wurde die Serie von vielen Menschen gelesen und wurde vielfach weitergeleitet. (Allein das Erwähnen von Gefangenen kann dich in Eritrea in den Knast führen.)

Einer von den Briefen war an Amanuel Asrat gerichtet – einen Dichter, Schriftsteller, Kritiker und Chefredakteur einer

Zeitung. Der Text wurde ins Englische übersetzt und auf der englischen Webseite von PEN veröffentlicht. Sofern du den Brief nicht zufällig ohnehin gesehen hast, sende ich dir gern den Link. Darin wird das Leben im Gefängnis geschildert, weshalb auch eine deutsche Übersetzung unseren Briefwechsel sehr gut ergänzen würde.

Des Weiteren traf ich die Tochter eines verhafteten Journalisten, die in Burghausen lebt. Sie wurde nach der Festnahme ihres Vaters geboren. Vor 20 Jahren habe ich einmal mit ihrem Vater, den sie selbst noch nie gesehen hat, Tee getrunken. Ich spürte den Wunsch, diese Situation auch zusammen mit ihr einmal zu erleben. Also traf ich sie. Sie und ihre Mutter mussten viele Hürden und Unwegsamkeit überwinden, um Eritrea zu verlassen und in Deutschland anzukommen. Als zwölfjähriges Kind, zusammen mit ihrer Mutter, begaben sie sich in die Hände von Schleppern und Entführern und reisten über das Mittelmeer. Es fällt mir äußerst schwer, dir von den bedrückenden Erfahrungen dieser jungen Frau zu erzählen. Meine Emotionen ihr gegenüber zu beschreiben, fällt mir sehr schwer!

Ja, du hast recht. Die Massenmedien haben über Eritrea nicht berichtet, wie es sein sollte. Das ist eine der Tatsachen, die ich verstörend finde. Denn Eritrea dürfte das einzige Land auf der Welt sein, in dem Menschen ohne Verurteilung und ein Lebenszeichen für ihre Familien für unbestimmte Zeit ins Gefängnis geworfen und somit praktisch lebendig begraben werden. Und zwar von einem Regime, das andere Staaten als ›Regierung‹ anerkennen.

In jedem Fall bin ich froh zu wissen, dass meine Gedanken und Schilderungen dazu beitragen und dir helfen, einige Dinge einzuordnen. Manchmal habe ich Bedenken, dass meine Ausführungen langweilig sein könnten, da ich mich immer wieder um dasselbe Thema drehe. Andererseits denke ich, dass ich dir Informationen anbieten kann, zu denen du selbst keinen Zugang hättest. Informationen über Eritrea könnten in unserer Kommunikation nicht zuletzt deswegen wichtig und interessant sein, weil ich einen tieferen Einblick in ein Land bieten kann, welches ohne Meinungsfreiheit und Internet eine von der restlichen Welt abgeschnittene Existenz fristet.

Wie du zurecht angemerkt hast, wird zurzeit viel über Äthiopien berichtet. Wünschenswert wäre es, verschiedene Quellen für ausgewogene Informationen zu haben. Ich bin fest davon überzeugt, dass dieser Krieg von den herrschenden Machthabern gewollt und völlig sinnlos ist. Auf die Details werde ich nun nicht wieder eingehen, weil ich vor dem Beginn und nach dem Ausbruch des Krieges in meinen Texten einiges dazu geschrieben habe.

Gesetzlose Machthaber haben das Feuer gelegt und darin Menschen verheizt, darunter Minderjährige und Kinder. Meine Überzeugung ist eindeutig: Krieg kann niemals eine Option sein. Ich stehe mit den Menschen in Tigray, die im Kampf zwischen den Fronten zermalmt werden. Bei dieser Auseinandersetzung geht es nicht nur um die Macht, sondern auch um die Ausrottung eines Volkes. Junge Menschen aus meinem Land, das den Krieg im Nachbarland mit initiiert hat, werden unter Zwang in ein Feuer geworfen. Allerdings habe auch ich keine konkreten Ideen, wie sie sich weigern sollten, was sie tun könnten, ohne dass sie als ›Deserteure‹ hingerichtet werden. Die einzige Wahl, die sie hätten, wäre es, ihre Waffen gegen das Regime in Eritrea zu richten, das sie zwingt, für die Machterhaltung von Abiy Ahmed (dem äthiopischen Premier) in ein fremdes Land einzumarschieren und für eine Sache zu sterben, die sie überhaupt nichts angeht. Die Kommandeure des eritreischen Militärs haben diese Chance verspielt und dienen stattdessen weiterhin dem brutalen und mörderischen System. Meine letzte Hoffnung ist ausgelöscht.

Deine Überlegung, regelmäßig eine Kolumne über die Situation am Horn von Afrika zu schreiben, zeugt von Vertrauen. Dennoch hege ich einige Zweifel, ob ich tatsächlich dazu in der

Lage wäre. Besonders schwierig finde ich, verlässliche Informationen über die Situation und Geschehnisse vor Ort zu finden, vor allem über die massiven Menschenrechtsverletzungen und Gräueltaten der herrschenden Machthaber in beiden Ländern. Alternative Informationsquellen wären die sozialen Medien. Doch auch diese werden zum großen Teil von Propaganda dominiert, in der schamlos Hass verbreitet und Kriegshetze betrieben wird. Ihre Inhalte werden von den Kriegstreibern finanziert und diktiert. Was freie Medien betrifft, war die Situation in Äthiopien schon immer deutlich besser. Jedoch sind dort in diesem Jahr zahlreiche Journalistinnen und Journalisten, die ihre Stimme gegen die Regierung erhoben haben, verschleppt, verhaftet und gefoltert worden. Ohne verlässliche Quellen bist du gezwungen, die ›Informationen‹ als Interpretationen stehen zu lassen. Für eine tiefgehende Analyse und Meinungsbildung reicht das nicht aus.

Die Politik in Eritrea – im Gegensatz zu Deutschland – verweigert einem vollkommen das Recht, sich daran zu beteiligen. Die Machthaber haben die Vorstellung, dass Macht bedeutet, vom Volk bedient zu werden, nicht umgekehrt. Seit der Machtergreifung der Regierung steht im Mittelpunkt ihrer Politik, was sie dem Volk alles abverlangen kann, und nicht, was das Volk von ihr erwartet. Das Wort ›Recht‹ kommt in keinem Zusammenhang vor, dafür jedoch das Wort ›Pflicht‹ in jeder Hinsicht. Die Beteiligung an Politik und Medien ist in meinem Land das Privileg einer kleinen Minderheit, die an der Macht ist.

Der Verlust deiner Tante tut mir außerordentlich leid. Recht hast du, zu sterben ist unser aller Schicksal. Es bleibt jedoch immer schmerzhaft und verursacht große Trauer, wenn ein geliebtes Familienmitglied, das jahrelang zum eigenen Leben gehörte, für immer geht. Mein Mitgefühl gilt deiner ganzen Familie.

In den vergangenen Monaten gab es meinerseits einige traurige Momente. Zwei enge Freunde, die der Verfolgung von Journalisten in Eritrea entkommen sind, starben an Corona. Aron

Berhane, einer der beiden, war Redakteur und Gründer einer der Zeitungen, die bis heute verboten sind. Der zweite war Tesfagergis Habte, der vier Jahre mit mir in Haft verbrachte. Die zwei waren nicht nur Journalisten, sondern auch Schriftsteller und Lehrer und Mitglieder von *PEN Eritrea*. Darüber hinaus haben wir einen großartigen Menschen, Milkias Mehreteab, der in der eritreischen Medienlandschaft und freien Presse Eritreas große Bekanntheit erlangte, verloren. Milkias war ein ausgebildeter Jurist und Journalist. In Eritrea war er Redakteur einer freien Zeitung und konnte aus der Haft fliehen. Milkias starb nach einer schweren Krankheit. Alle drei Männer starben jung, in ihren Fünfzigern. Die Nachrichten vom Tod dieser Journalisten kamen kurz hintereinander, kaum zu fassen. Ich verspürte große Schmerzen und tiefe Trauer. Zuerst hat das eritreische Regime der Pressefreiheit Schaden zugefügt. Und in diesem Fall, nun, war es der Tod. Der Verlust dieser Persönlichkeiten ist immens, denn für ihre Überzeugung und ihren Freiheitsdrang haben sie sehr viele Opfer gebracht. Sie haben auch nie aufgehört, für ihre inhaftierten Weggefährten, Freunde und Kollegen zu kämpfen.

Ich musste über die Situation mit dem Schriftsteller schmunzeln, der während der Widmung wegen eines Zwischengespräches durcheinandergeriet. Ich bin gespannt, wer das sein könnte!?

Auch in Eritrea werden runde Zahlen groß gefeiert. Jubiläen zu Silbernen, Goldenen und Diamantenen Jahrestagen erhalten riesige Aufmerksamkeit. Allgemein werden Geburtstage in unserer Kultur jedoch kaum gefeiert. Etwas übertrieben, aber schlicht erklärt ist es so: Eltern feiern den Geburtstag eines Kindes, bis das nächste Geschwisterkind auf die Welt kommt. Je älter das Kind wird, desto weniger wird an seinen Geburtstag gedacht. Über die sozialen Medien kann man feststellen, dass sich heutzutage auch das ändert.

Die Ludwig-Maximilian-Universität München (LMU), wo Sophie Scholl und ihre Mitstreiter beim Verteilen von Flugblättern gefasst wurden, habe ich immer noch nicht besucht. Es steht allerdings auf dem Plan, dass ich dir in meinem nächsten Brief von einem Besuch dort berichten kann.

Sicher ist es nicht ausreichend, ihrer nur zu gedenken oder ihre Worte zu wiederholen. Angemessen wäre es, zu verstehen, was sie sagten und taten, und es umzusetzen. ... Darin stimme ich dir voll und ganz zu. Wer nur beim ›Gedenken‹ bleibt und den echten Kampf für Gerechtigkeit untergräbt, kann keine Veränderung herbeiführen. Dafür ist mein Land ein Exempel.

Im Jahre 2001, als Studenten der einzigen Universität Eritreas Fragen aufwarfen, wurde deren Präsident verhaftet und die gesamte Studentenschaft in ein wüstenartiges Gebiet verbannt und eingesperrt. Die Studenten litten massiv unter der Verschleppung und dem psychischen Terror, dem sie ausgesetzt waren. Zwei von ihnen starben. Damals schrieb Seyoum Tsehaye, der während des Unabhängigkeitskampfes als Kameramann hohe Anerkennung genoss, letzten Endes jedoch vor 20 Jahren zusammen mit anderen Journalisten und Schriftstellern verschwand: »Die Führer von morgen werden von den Machthabern von heute getötet.« Bevor ich jetzt wieder in das Thema Gefangene einsteige, kannst du vielleicht bei Gelegenheit im Internet über die Menschenrechtsorganisation *One Day Seyoum* nachlesen. und ausführlichere Auskunft erhalten. Es schmerzt mich weiterhin, dass die Machthaber bis zum heutigen Tag mit dem Morden nicht aufgehört haben. Mich erfüllt es mit Scham, dass wir uns lediglich auf geistreiche Zitate beschränken und ansonsten kaum einen Schritt vorangekommen sind.

Während ich schrieb, wurde ich gerade von einem Anruf einer Journalistin der *Deutschen Welle* unterbrochen. Sie arbeitet für das Amharische Programm und fragt mich für ein Interview an. Anlässlich des zwanzigsten Jahrestages der Verhaftung der eritreischen Journalisten und Schriftsteller hat PEN-Deutschland eine Presseerklärung zur Freilassung der Journalisten und

Schriftsteller veröffentlicht. Darüber möchte sie berichten. Ich wollte das Gespräch auf Englisch probieren, aber sie bat und überzeugte mich schließlich, es in Amharisch zu führen, da ich am Anfang unseres Gesprächs Amharisch sprach. Amharisch, die äthiopische Amtssprache, musste ich mir über die Medien aneignen, weil ich sie nicht richtig gelernt habe. Tigrinya und Amharisch haben gewisse Ähnlichkeiten, weil sie die gleichen Wurzeln haben und beide in der Geez-Schrift geschrieben werden. Die Ähnlichkeit könnte in etwa wie zwischen Deutsch und Englisch sein. Trotzdem ist Amharisch nicht einfach zu verstehen, wenn du erstmals mit der Sprache konfrontiert bist. Warum erzähle ich dir das alles? Weil ich heute zum ersten Mal ein Interview in einer Sprache geführt habe, die ich mir selbst durch die Medien beigebracht habe. Es wäre vielleicht nicht schlecht, wenn das als Teil meiner Lebensgeschichte festgehalten werden könnte.

Da ich nun beide Impfungen bekommen habe, bin ich endlich vom Corona-Test durch die Nase befreit. Und du? Nun wünsche ich uns, dass wir als nächstes bald auch die Maske loswerden. Es wäre gut, wenn zumindest Geimpfte die Maske ablegen dürften. Die Schwierigkeiten der Umsetzung sind mir bewusst, dass man dies nicht einfach wie bei einer Fahrkarte kontrollieren kann. Deshalb müssen wir weiterhin solidarisch sein und aushalten.

Was du über die Namensgebung sowie über die Nutzung von Pseudonymen geschrieben hast, musste ich mich selbst erst einmal fragen. Möchte ich anstatt ›Yirgalem‹ einen anderen Namen tragen? Keine Ahnung! Darüber habe ich nie nachgedacht. Allerdings habe ich bei wenigen Gelegenheiten schon mal einen anderen Namen benutzt. Ich habe es aber häufig und wohlbedacht getan. Es ging lediglich darum, dass ich den Text nicht mit meinem Namen veröffentlichen wollte. Die kurzlebige Existenz der freien Presse in Eritrea bot überhaupt keine Gelegenheit, mich damit zu beschäftigen, wie und unter welchen Bedingungen ich meine Beiträge veröffentlichen kann. Heute befassen sich die meisten meiner Schriften mit der aktuellen Situation in Eritrea, daher möchte ich mich deutlich zu erkennen geben.

›Dora Donnerstag‹ gefällt mir ganz gut, meine Zustimmung hast du auf jeden Fall. Aus irgendeinem Grund gefällt mir der Donnerstag unter allen Wochentagen am besten. Auf Tigrinya gibt es den Sprachgebrauch, Wochentage zu paaren: Samstag-Sonntag, Montag-Dienstag, Freitag-Mittwoch, nur der Donnerstag bleibt allein übrig. Um die Einzigartigkeit einer Person oder einer Sache zu unterstreichen, benutzt man auch den Ausdruck »eine beziehungsweise einer wie Donnerstag«. Vielleicht ist das der Hintergrund meiner Sympathie für den Donnerstag. Gibt es einen Wochentag, den du besonders magst?

Mein Asylantrag wurde positiv beschieden. Deine moralische Unterstützung bedeutet mir viel. Ich bin mir nicht sicher, ob ich an dieser Stelle näher darauf eingehen kann. In der vierstündigen Anhörung fand ich das Verhalten des Entscheiders merkwürdig. Ohne zu übertreiben, ist mir seit meiner Ankunft in Deutschland kein Mensch begegnet, der sich mir so feindselig zeigte und das so offen demonstrierte. Mit provokativen Fragen habe ich kein Problem, weil diese zu seiner Arbeit gehören. Was mich aber verärgerte, waren seine grenzüberschreitenden Äußerungen und ein Verhalten, mit dem er ständig versuchte, meine Gefühle zu verletzen.

Obwohl ich ihm ausführlich alles schilderte – durch welche Hölle ich in Eritrea gegangen bin – gab er mir ein Gefühl, als würde ich über die Verspätung eines Zuges reden.

»Was ist das schon? Nennen Sie mir ein anderes Problem.«

»Hätte ich dort auf andere Probleme gewartet, die noch gravierender sind, als die ich Ihnen genannt habe, dann wäre ich mit Sicherheit heute nicht hier und könnte mit Ihnen reden«, entgegnete ich ihm. Währenddessen musste ich darüber nachdenken, was solche Charaktere bei Menschen auslösen können, die nicht in der Lage sind, ihre erlebten Leiden und Schicksale mühelos zu erzählen und zu erklären. Jedenfalls: Ab nächstem Dezember werde ich in Deutschland offiziell als Asylberechtigte anerkannt.

Bitte bete für mich, dass bald die Zeit kommen möge, in der ich in meine Heimat zurückzukehren und mich mit meinen Eltern und Geschwistern vereinen kann.

Alles Gute, und mit tiefer Zuneigung,

Deine Yirgalem

6

Liebe Yirgalem,

heute schreibe ich dir aus dem Zug, der von Katowice, Polen, nach Berlin fährt. Es ist erst mein zweiter Besuch in Polen, und der erste liegt viele Jahre zurück. Der Anlass für meinen Besuch in Katowice war ein schöner – die dortige Uni hatte mich zu einer Lesung (aus einem meiner Romane) und einem Vortrag (über Brecht und Feuchtwanger) eingeladen –, und meine Gastgeber sehr sympathisch. Gleichzeitig kam im Gespräch mit Professor Feliszweski immer wieder Bedrückendes zur Sprache. Er meinte, früher habe er immer geglaubt, sich von der Politik fernhalten zu wollen, und sein Leben als Literaturwissenschaftler getrennt von dem als Staatsbürger gesehen. Jetzt dagegen sei ihm klar, wie unmöglich das wäre. »Nie hätte ich gedacht, dass wir zu meinen Lebzeiten noch einmal um die Zukunft der Demokratie selbst in meinem Land fürchten müssen.«

Deswegen geht er jetzt auf Demonstrationen wegen des radikalen Abbaus des Rechtsstaats in Polen. Eine Kollegin von ihm, die ich auch kennenlernte, war erst letzte Woche auf der Demonstration gegen das neue Gesetz, das Abtreibung de facto unmöglich macht, und deren unmittelbarer Anlass der Tod einer Frau war, die nicht abtreiben durfte. Ich fragte ihn: »Glauben Sie, dass Sie wegen Ihrer Teilnahme an solchen Demos Schwierigkeiten kriegen könnten, als vom Staat beschäftigter Professor?«

»Wer weiß«, entgegnete er. »Bisher gab es keine, aber wenn die Entwicklung in Polen so weitergeht, dann kann es schon dazu kommen. Dennoch muss ich es tun. Meine Hoffnung sind die Frauen. Ich glaube, dass sie ausschlaggebend dafür sein werden, dass diese Regierung abgewählt wird – solange es noch freie Wahlen bei uns gibt.«

Polen ist unser Nachbarland, und die Entwicklungen dort während der letzten sechs Jahre waren und sind wirklich höchst besorgniserregend. Ich hätte mir auch nicht träumen lassen, dass in so vielen Teilen der Welt, auch und gerade in Europa, all die Errungenschaften, die ich als Heranwachsende für selbstverständlich gehalten habe – Demokratie, internationale Zusammenarbeit, mehr statt weniger Gleichberechtigung – sich als zerbrechlich genug herausstellen, um von extremistischen Demagogen torpediert zu werden, die nicht etwa durch einen Coup an die Macht gekommen sind, sondern tatsächlich gewählt wurden, obwohl jeder sehen konnte, was sie sind. Dabei ist keiner der Menschen, die solche Parteien wählen, in einer so furchtbaren Situation wie in deinem Heimatland, wo, wie du schreibst, selbst das Sprechen über Gefangene einen Haftgrund darstellt.

Umso wichtiger finde ich es, dass du die Erinnerung an die Verhafteten durch deine Briefe am Leben erhältst. Das, genau das, ist ja eines der Hauptziele des PEN – zu verhindern, dass die verfolgten und gefangenen Autoren vergessen und ihrem Schicksal überlassen werden, und dagegen immer wieder den Versuch zu setzen, ihre Stimmen hörbar zu machen. Ja, bitte schicke mir den Link zu deinem Brief an Amanuel Asrat. Ich würde ihn sehr gerne lesen.

In den letzten paar Jahren vor der Pandemie habe ich auf der Leipziger Buchmesse immer mit einigen PEN-Kollegen Lesungen von Texten gefangener Autoren durchgeführt, als ich noch Beirätin im Präsidium war, und versucht, jeden der Autoren kurz zu beschreiben, damit diese Gefangenen für die Zuhörer nicht bloße Statistiken bleiben, sondern aus dem staatlich verordneten Schweigen durch ihre Worte hervortreten. Wenn es wieder möglich ist, dann würden Texte von eritreischen Autoren bei diesen Lesungen genau richtig sein. Sowohl (hoffentlich) lebende wie Amanuel Asrat, als auch die beiden toten, deren Verlust durch Corona du gerade erleben musstest, Tesfagergis Habte und Aron Berhane. Das macht den Schmerz natürlich nicht geringer für dich, aber ich finde, es wäre eine gute Möglichkeit, sie zu ehren. Was meinst du?

Wenn ich gewusst hätte, dass du als Jugendliche beim Militärtraining durch solche Fußmärsche schikaniert worden bist, dann hätte ich mir das mit der Wanderung um den halben Tegernsee wohl noch einmal überlegt. Schließlich wollte ich dich nicht retraumatisieren! Umso erleichterter bin ich, dass es dir trotzdem Vergnügen bereitet hat. Für mich stellt das Spazierengehen immer eine gute Möglichkeit dar, dem langen Sitzen, dem wir Autorinnen von Berufs wegen nun einmal unterliegen, ein Gegengewicht zu geben. Außerdem tanke ich dabei frische Kräfte, und hin und wieder laufe ich mir auch Ärger aus dem Leib. (Ich hatte dieses Jahr einige Enttäuschungen beruflicher Natur, das bleibt bei Jahrzehnten Autorinnendasein nicht aus, und als unverbesserliche Optimistin hoffe ich natürlich, dass es bald wieder besser wird.)

Nach dem, was du mir über den Beamten erzählt hast, der dich bei der Befragung zu deinem Asylantrag so übel behandelt hat, könnte ich mir vorstellen, dass es dir vielleicht an dem Tag auch ein wenig ähnlich ging. Übrigens, unser Briefwechsel ist absolut der richtige Ort, um davon zu erzählen! Es ist wichtig, finde ich, dass Menschen wie ich, die sich um ihre Sicherheit nie Gedanken machen müssen, erfahren, wie mit Flüchtlingen bei uns umgegangen wird.

Erst letzte Woche habe ich wieder lange Spaziergänge in München gemacht, diesmal mit einem Berliner Journalisten, und zwar für einen Beitrag im Deutschlandfunk, bei dem es um

Frauen des Exils gehen soll. (Mit ›Exil‹ sind in diesem Fall die Menschen gemeint, die während des Dritten Reiches vor den Nazis fliehen mussten und versuchten, in anderen Ländern eine neue Heimat zu finden.) Die Idee des Journalisten war, eine heutige Autorin den Spuren einer solchen Frau folgen zu lassen, in meinem Fall Marta Feuchtwanger. (Marta Feuchtwanger war die Ehefrau von Lion Feuchtwanger, über den ich meine Doktorarbeit geschrieben habe, hat ihn um Jahrzehnte überlebt und war eine sehr energische, lebenskluge Persönlichkeit.) Während ich mich mit dem Journalisten über Marta Feuchtwanger unterhielt und zu den Orten in München ging, wo sie ihre Kindheit und Jugend verbrachte, musste ich auch oft nicht nur an Marta, sondern auch an dich denken, und die Erfahrungen, die du hier und heute mit Verfolgung, Flucht, und Exil machst. Ich weiß nicht, ob ich in einer vergleichbaren Situation deine und Martas Stärke hätte, und hoffe, ich werde es nie herausfinden müssen.

Bei dem Mann, der mir eine Widmung in ein Buch schrieb, dabei durch ein Zwischengespräch unterbrochen wurde und danach Schwierigkeiten hatte, seine eigene Schrift zu lesen, als er die Widmung zu Ende schreiben wolle, handelte es sich nicht um einen Schriftsteller, sondern um den vor zwei Jahren gestorbenen Politiker Klaus Kinkel. Trotz unseres gemeinsamen Nachnamens waren wir nicht miteinander verwandt. Aber Mitte der 1990er, als ich anfing, mir als Autorin einen Namen zu machen, und er zuerst Justiz- und dann Außenminister war, lud er mich einmal zu einem Kaffee ein, als ich in der Nähe von Bonn eine Lesung hatte. (Der deutsche Regierungssitz befand sich damals noch dort.) Danach begegneten wir uns noch einmal in München bei einem Empfang, und danach blieben wir in Kontakt. Die Sache mit der Widmung passierte bei dieser zweiten Begegnung in München; bei dem Buch handelte es sich um einen Essay-Band, den er herausgegeben und zu dem er das Vorwort geschrieben hatte. Er hatte wirklich eine fürchterliche Schrift, was ich noch oft feststellen sollte, denn er schrieb mir seine Weihnachts- und Geburtstagsgrüße auch immer in Handschrift, statt das seine Sekretärin tun zu lassen. Das fand ich einerseits sehr sympathisch, weil es so eine sehr viel persönliche Geste war, doch andererseits war es auch jedesmal wieder eine Herausforderung. Meine Eltern, ich und eine Nachbarin, die als Lehrerin Übung darin hatte, Handschriften zu entziffern, saßen dann immer gemeinsam über dem Weihnachtsbrief von Herrn Kinkel und versuchten herauszufinden, was genau er da geschrieben hatte.

Klaus Kinkel war einer jener Menschen, der persönlich ganz anders wirkte, als er es im Fernsehen tat, und zwar zu seinem Vorteil. Wenn ich ihn vor unserer Begegnung hin und wieder in den Abendnachrichten gesehen hatte, erschien er mir immer ein wenig steif. Aber wenn man ihm gegenübersaß, war er sehr warmherzig und locker, und ohne jede Politikerallüren. Er las sehr, sehr gerne – in seinem Haus in der Nähe von Bonn gibt es eine gewaltige Bibliothek –, und er war ungeheuer hilfsbereit. Als ich für meinen Roman *Schlaf der Vernunft* recherchierte, bei dem es unter anderem auch um die RAF – nicht die Royal Air Force, sondern die sogenannte ›Rote Armee Fraktion‹, das heißt die ›Baader-Meinhof-Gruppe‹, Terroristen, die in den Siebziger Jahren begannen – geht, stand er mir nicht nur zu Gesprächen zur Verfügung, was an sich schon sehr nützlich war, denn in den Siebzigern war er Staatssekretär im Innenministerium und hatte in dieser Funktion unmittelbar mit dem Themenkomplex RAF zu tun. Nein, er stellte mir sogar Gesprächsprotokolle einiger Unterredungen zur Verfügung, die er mit Brigitte Mohnhaupt – einer RAF-Terroristin der sogenannten ›Zweiten Generation‹ – in den Achtziger Jahren geführt hatte, als sie im Gefängnis einen Hungerstreik führte. An dem Tag, als ich mein Recherche-Gespräch mit ihm hatte, war ich etwas erkältet, und kaum hatte er mich nach dem Ende des Besuches zum Bahnhof gebracht und in den Zug gesetzt, da rief er gleich bei meinen Eltern an und hatte ein paar Tipps wegen guter

Erkältungsmedikamente. So war er. Als er achtzig wurde, hatte ich ihm als Geschenk eine Kurzgeschichte über seinen Hund geschrieben, einen Labrador namens Jago, den er innig liebte. Jago hat Herrn Kinkel nicht lange überlebt, wie mir seine Witwe erzählte, was einerseits traurig ist – aber andererseits war Jago so auf sein Herrchen fixiert, dass ich nicht wirklich überrascht war.

Was du über Amharisch und Tigrinya schreibst, erinnert mich eher an Deutsch und Holländisch als an Deutsch und Englisch, denn, wenn man bei Holländisch zuhört, ohne die Sprache gelernt zu haben, und es wird langsam genug geredet, dann hat man, ich wenigstens, zumindest das Gefühl, sinngemäß die wichtigsten Dinge zu verstehen. Was bei Englisch nicht der Fall war, soweit es mich betrifft, ehe ich die Sprache im Schulunterricht lernte, und als Kind hörte ich allein durch all die Songs ständig Englisch im Radio. Auf jeden Fall bin ich sehr beeindruckt, dass du eine Sprache allein durch die Medien gelernt hast, und das gut genug, um ein Gespräch in ihr zu führen – wow! Geht es dir eigentlich auch manchmal so, dass eine andere Sprache einem manchmal das Gefühl verschafft, als hätte man sich mit dieser Sprache auch ein zweites Selbst konstruiert? Wenn man sie oft genug spricht oder schreibt, versteht sich. Denjenigen meiner Freundinnen und Freunde gegenüber, mit denen ich nur auf Englisch rede, komme ich mir immer ein wenig anders vor als die Tanja, die auf Deutsch spricht und schreibt. Einerseits schlagfertiger, andererseits weniger in der Lage, zu träumen. Es ist höchst eigenartig. Wenn Dir ›Dora Donnerstag‹ zusagt, dann sollte ich mein englischsprachiges Selbst ›Frances Friday‹ nennen, denn Freitag als der letzte Tag der Woche und der Tag für Neuerscheinungen hat mir meistens Glück gebracht.

Das traf auch in dieser Woche zu. Ich habe den Brief an dich im Zug auf der Fahrt von Katowice nach Berlin begonnen, und beende ihn nun auf der Fahrt von Berlin in meine Heimatstadt Bamberg, die ich dir auch eines Tages zeigen möchte. In Berlin fand in der *Akademie der Wissenschaften* ein Gespräch zwischen Literaturwissenschaftlern statt, das ich moderiert habe. Es ging um die Autoren Lion Feuchtwanger und Heinrich Mann, und die Veranstaltung wurde gleichzeitig online gestreamt, was uns hoffentlich auch Zuschauer aus dem Rest des Landes eingebracht hat. Vorher war ich einigermaßen nervös und hatte Lampenfieber, denn die Veranstaltung war sozusagen mein Baby. Da in diesem Jahr wegen der Covid-Pandemie die reguläre Tagung der *Internationalen Lion Feuchtwanger Gesellschaft* in Los Angeles nicht stattfinden konnte, hatte ich vorgeschlagen, stattdessen wenigstens eine ›kleine‹ Veranstaltung zu machen, und zwar gemeinsam mit der *Heinrich-Mann-Gesellschaft*, der ich ebenfalls angehöre.

Beide Autoren waren nicht nur miteinander befreundet, sondern teilten auch das Schicksal, durch die Nazis ins Exil getrieben worden zu sein. Beide taten ihr Bestes, sich sowohl literarisch als auch politisch gegen die Nazis zu engagieren, wenngleich auf unterschiedliche Weise, und genau das war unser Diskussionsthema: ›Arten, der Zeit die Stirn zu bieten‹. Normalerweise bin ich bei solchen Events nur Teilnehmerin, nicht Organisatorin, aber diesmal war es anders, was hieß, dass ich die ›Panelisten‹ finden musste, den Veranstaltungsort – wobei mir zum Glück Heike Mertens von der *Villa Aurora Thomas Mann House e.V.* zur Hilfe kam und die *Akademie der Wissenschaften* vorschlug –, vorab Themen und Redezeiten klären, das Hotel buchen und dann hoffen, dass niemand krank wird, und der nächste harte Lockdown nicht vor unserem Symposion passiert. Zum Glück ging alles gut; Lion Feuchtwangers Neffe Edgar, inzwischen ein sehr liebenswerter alter Herr und emeritierter Professor, der in Winchester, England, lebt, hatte sogar ein Geleitwort für die Veranstaltung über die Beziehungen der Familien Mann und Feuchtwanger angeboten, dass er vorab aufnahm und das unser Panel dann eröffnete.

Edgar Feuchtwanger hat Deutschland als Vierzehnjähriger verlassen, was ihm wahrscheinlich das Leben rettete; er kam durch das sogenannte ›Projekt Kindertransport‹ nach England. Jetzt ist er über 90 Jahre, und jedesmal, wenn ich ihn persönlich oder wie in diesem Fall über den Bildschirm sprechen höre, frage ich mich einerseits, wie lange er noch bei uns sein wird, und bin andererseits so unendlich froh, dass es Zeitzeugen wie ihn gibt, die sich trotz aller Versuche der Nazis, sie umzubringen, ein langes, gutes, und erfolgreiches Leben aufbauen konnten.

Das wünsche ich auch dir, denn du bist genau in der gleichen Lage, wie die Feuchtwangers es damals waren; du kannst nicht in deine Heimat zurück, solange dort ein Unrechtsregime regiert, und du setzt dich durch das geschriebene und gesprochene Wort gegen diese Diktatur ein. Auch dich zu kennen, ist für mich ein Privileg.

Liebe Grüße, und hoffentlich auf bald.

Deine Tanja

Liebe Tanja,

wie geht es dir? Ich hoffe sehr, dass es dir gut geht. Es sind einige Tage vergangen, seitdem ich deinen sechsten Brief empfangen habe. Eigentlich wollte ich dir in aller Ruhe antworten, nachdem ich mein neues Leben in einigermaßen geordnete Verhältnisse geführt habe. Mein Leben, das nach Beendigung der drei Jahren bei PEN und dem Abschluss meines Asylverfahrens beginnt, steht etwas im Widerspruch zu meinen Erwartungen. Vor allem die Wohnungssuche brachte mich zum Verzweifeln. Und ich dachte, ich würde zur Ruhe kommen. Stattdessen wurde es zu einer Zeit voller Sorgen, verursacht durch die Angst, kein Dach über dem Kopf zu bekommen. Um nicht weiter Zeit zu verlieren, sammelte ich mich und begann, dir zu antworten. Ich hoffe, dass das Jahr 2022 ein besseres Jahr für die ganze Welt wird.

Als ich las: »Heute schreibe ich dir aus dem Zug«, spürte ich Neid. Vermutlich gehöre ich zu den wenigen, die ihre Reisezeit kaum nutzen. Während einer Reise kann ich weder schreiben noch lesen, selbst das Unterhalten bereitet mir Probleme. Zuhören ist das einzige, was ich kann. Sind dir schon einmal Menschen begegnet, die auf Reisen erkranken? Besonders in Ländern wie Eritrea, wo die Straßen holprig und rumpelig sind, erkranken Reisende so heftig, dass man schnell dazu neigt zu bezweifeln, dass die Ursache ihrer Erkrankung nur die Reise sein soll. Trotz all meiner Schwierigkeiten habe ich aber nie eine Reise ausfallen lassen. Viele Jahre fuhr ich mit dem Bus von Asmara, der Hauptstadt Eritreas, wo ich beruflich stationiert war, nach Adi Keyh, wo ich aufwuchs und wo meine Familie lebt. Bis die Fahrt endete, deckte ich mich zu und legte mich hin (unabhängig davon, ob ich dabei einschlief oder nicht). Das konnte mich etwas beruhigen. Dabei saß ich am liebsten vorne neben dem Busfahrer. Es gab Zeiten, da habe ich mehr Geld bezahlt, damit ich vorne sitzen konnte. Man sagt, nach vielen Reisen würde es besser, was bei mir nicht der Fall ist. Vorgestern rief ich meine Familie in Adi Keyih an. Ich erreichte meine Mutter und fragte, wie es allen geht. »Uns geht es gut, außer der unerträglichen Kälte«, sagte sie. Adi Keyih ist sehr hoch gelegen und gilt als die kälteste Region Eritreas. Hinzu kommt, dass unser Haus in einem Viertel steht, das auf einem Hügel liegt. Ihre Antwort war zu erwarten. Weitere Fragen konnte ich nicht stellen – wie etwa »Habt ihr Elektrizität?«, »Macht euch die Lage in Äthiopien Angst, und inwieweit beeinflusst sie euer tägliches Leben ...?« Wenn ich solche Fragen an meine Angehörigen und Freunde richten würde, dann würde ich verantwortungslos agieren.

Im letzten Monat hörte ich von der Verhaftung eines Schriftstellers und Journalisten; wir standen uns sehr nah. Einige Tage später unterhielt ich mich über einen Messenger zufällig mit einem Bekannten, der mit uns beiden befreundet war und im ähnlichen Bereich wie wir arbeitet. Ohne den Namen des Verhafteten zu nennen, schrieb ich: »Ich habe gehört, er wäre verreist. Kannst du mir darüber erzählen?« Das Wort ›verreist‹ benutze ich anstelle von ›verhaftet‹. Ohne auf meine Frage einzugehen, setzte er unsere Unterhaltung fort. Ich machte ihn auf meine Frage aufmerksam: »Weiter oben hatte ich dich was gefragt. Hast du die Frage absichtlich übergangen? Wenn du sie nicht beantworten möchtest, respektiere ich es natürlich auch.« Nur nach einer Bestätigung habe ich gesucht. Allein die Tatsache, dass er darüber nicht sprechen wollte, genügte mir als Antwort. Seine Entscheidung, nur über andere Themen zu sprechen, interpretierte ich als eine Bestätigung für das, was ich erfahren hatte. Immer wieder denke ich über den Fall nach und komme immer wieder nur zu dem gleichen Schluss: Aus dem ganzen Land ist ein Gefängnis geworden.

Dann fiel mir doch jemand ein, der mit dem Verhafteten befreundet war. Er ist Schriftsteller und Journalist, der als Sympathisant und Informant des Regimes gilt. Es wird geglaubt, dass er im Rahmen seiner Tätigkeit in den Medien Mitarbeiter und Personen, die in sozialen Medien aktiv sind, ausspäht. Auch ich glaube, dass er für meine Festnahme eine Mitschuld trägt. Wir tragen es nicht offen aus, aber wir beide wissen genau, dass wir uns gegenseitig nicht leiden können. (Ich hoffe, du hast Verständnis dafür, dass ich alle Namen nicht offenlegen kann.) Also rief ich diesen Mann an. Ich erzählte ihm, dass ich von der Verhaftung seines Freundes über Facebook erfahren habe, und dass ich ihn angerufen habe, um mehr darüber zu erfahren. Ich war sehr gespannt, was er dazu sagt, als Diener eines Systems, dessen Volk in ständiger Angst lebt. Zunächst redete er drum herum, um mir dann mitzuteilen, dass er diese Information zum ersten Mal von mir hören würde. »Ihr seid so gut miteinander befreundet, und du hast es bis heute nicht gehört!?«, fragte ich ihn. Er behauptete fest, dass er nichts wüsste. Er hat mich angelogen, davon bin ich überzeugt. Dieser Fall ist ein weiteres Beispiel dafür, dass in Eritrea ein großes Schweigen herrscht, wenn es darum geht, über Gefangene zu sprechen, und dass einige Menschen wohl wissend einem System dienen, das die eigenen Freunde und Kollegen verschwinden lässt.

Mich quält der Winter. Wie findest du ihn? Vor zwei Jahren, ungefähr zur gleichen Zeit, telefonierte ich mit einem eritreischen Pfarrer, Dichter und Journalisten namens Yonas Welderufael. Bei unserer Unterhaltung fragte er mich, wie ich mit dem Leben in Europa zurechtkomme. Ich erzählte ihm, dass ich die Kälte hart finde. »Die Kälte gehört zum Land. Wenn du sagst, dass die Kälte für dich nicht ertragbar ist, dann stimmen möglicherweise deine Ernährung und Kleidung nicht.« Damit tat er meine Nörgeleien ab.

Wie empfindest du diese Jahreszeit? Beeinflusst sie deine Arbeit und Unternehmungen? Im Hochland von Eritrea ist es jetzt am kältesten. Zugleich ist jetzt auch die Jahreszeit, bei der die Bauern ihre Ernte einbringen und ihre Vorräte für das ganze

Jahr füllen. Wenn im Januar das neue Jahr beginnt, finden in Eritrea die meisten Hochzeiten statt. (Das hängt mit den fastenfreien Tagen der koptisch-orthodoxen Kirche zusammen.)

Der Beginn des Winters war mit der Angst vor einer neuen Welle der Corona-Pandemie behaftet, obwohl die sinkenden Werte zunächst Anlass für Hoffnung gaben. Nachdem wir geglaubt hatten, dass die schweren Zeiten vorüber seien, leben wir nun wieder in Angst und gehen davon aus, dass unsere Bewegungsfreiheit wieder eingeschränkt wird. Kaufhäuser und Geschäfte dürfen nur mit Impf- oder Testnachweis betreten werden. Ich habe es selbst noch nicht erlebt, aber mir wurde berichtet, dass jemand im öffentlichen Verkehrsmittel danach gefragt worden ist.

Der Grund für die Sorge und die neuen Vorsichtsmaßnahmen ist wohl die neue Corona-Variante Omikron. Die kalte Jahreszeit vergünstigt die Verbreitung der Pandemie. Nach offiziellen Angaben sind in Deutschland bis zum heutigen Tag 108.606 Menschen gestorben. Wie viele Familien davon betroffen und wie viele Kinder verwaist sind, und wie die Pandemie das Leben vieler Menschen aus der Bahn geworfen hat ... Das alles bleibt heute nur schwer vorstellbar.

Der UN-Menschenrechtsrat setzte gestern (am 17.12.2021) eine Kommission ein, um den Genozid, Vergewaltigungen, Plünderungen, und Menschenrechtsverletzungen in Äthiopien zu untersuchen. Tausende starben oder verloren ihre Lebensgrundlagen. Deutschland, Großbritannien, Argentinien, Frankreich, Italien, Österreich, Dänemark, Brasilien, Japan und so weiter gehören zu den 27 Ländern, die für die Gründung der Kommission gestimmt haben. Dagegen waren insgesamt 15 Länder – darunter Eritrea, China, Russland, Indien, Kamerun, Burkina Faso und die Philippinen.

Da ist etwas, was ich überhaupt nicht begreifen kann: Eritrea, das wegen seiner Menschenrechtsverletzungen von 180 Ländern auf Platz 180 steht, ist Mitglied des UN-Menschenrechtsrates? Als ich im November 2019 in Wien meinen Text über die Menschenrechtsverletzungen und meine Erfahrungen diesbezüglich vortrug, sagte ich: »Wenn Eritrea Mitglied des UN-Menschenrechtsrates sein darf, wäre das, als würde man seine Schafe von einem Tiger hüten lassen.« Awet Fissehaye, ein mit mir befreundeter Dichter und Schriftsteller, entgegnete mir: »Was, wenn es in deinem Publikum welche gibt, die einen Tiger als ein Haustier betrachten?« In der Tat, ich kann nicht behaupten, dass alle Menschen den Tiger ausschließlich als eine Bedrohung und einen Feind von Schafen betrachten.

Auf die Warnung »Vertraut dem Tiger nicht, sonst wird er die Schafe fressen«, folgt die Erwiderung, »Was soll er denn sonst fressen?« Das erinnert mich etwas an die schamlose Ablehnung der unabhängigen Untersuchung von Menschenrechtsverletzungen und Vergewaltigungen.

Wie ich in meinem letzten Brief angekündigt hatte, war ich an der LMU (Ludwig-Maximilians-Universität München) und besuchte den Ort, wo Sophie Scholl und ihre Mitstreiter beim Verteilen von Flugblättern gefasst wurden. Begleitet hat mich mein Bekannter Temesghen Russom. Unsere Besichtigung begannen wir am Geschwister-Scholl-Platz und am Professor-Huber-Platz. Auf dem Gelände der Universität befindet sich ein für Besucher offenstehender größerer Raum, in dem Fotos und Texte von der Geschichte und den Aktivitäten der *Weißen Rose* dokumentiert sind. Wir liefen herum und sahen die ausgestellten Fotos von den Hauptaktivisten der Bewegung und ihrer Unterstützer, Abschriften der verteilten Flugblätter, verschickte Schriften und ihre Empfänger, Darstellungen von Verantwortlichen des damaligen Geheimdienstes sowie Kopien von Zeitungen, die die Enthauptung von Sophie Scholl und ihren Mitkämpfern als notwendige Schritte gegen Verrat schilderten.

Temesghen übersetzte mir die Inhalte der Blätter, die von der Aufklärung und Verbreitung der Bewegung handelten. Von der globalen Bedeutung der Worte und den Botschaften der Bewegung waren wir tief beeindruckt. Sie richteten sich zwar an

Deutschland vor 80 Jahren. Allerdings gelten sie voll und ganz auch in der heutigen Situation in Eritrea.

Für deine Idee, dass wir Lesungen für die eritreischen Schriftsteller organisieren könnten, die dem Tod und der Verschleppung zum Opfer gefallen sind, bin ich sehr dankbar. Der Vorschlag gefällt mir außerordentlich – und ich bewundere dein Einfühlungsvermögen. Ich bin voller Hoffnung und Zuversicht, dass wir bei der Umsetzung erfolgreich sein werden.

Meine Erfahrung über den Fußmarsch beim Militär habe ich dir erzählt, weil ich die mit dir verbrachte schöne Zeit damit vergleichen wollte. Ansonsten hat es keine weitere Bedeutung. Im Gegenteil, ich bin dir sogar dankbar, dass du mir einen Anlass gegeben hast, davon zu berichten. Und ehrlich gesagt bin ich froh, dass ich dir davon nicht vor unserem Spaziergang erzählt habe, da du aus Rücksicht dein Vorhaben wahrscheinlich geändert hättest. Im Übrigen dokumentiere ich die Zeit beim Militär als Teil meiner Jugendzeit und nicht unbedingt als eine schmerzhafte Erinnerung. Falls ich bei meiner Erzählung diesen Eindruck vermittelt habe, tut es mir leid.

»Meine Hoffnung sind die Frauen«, meint der polnische Professor Feliszweski. Es wäre gut, wenn wir mehr solcher Stimmen hätten und diese tatsächlich auch Gehör finden würden. Es kommt oft vor, dass ich bei Unterhaltungen und Diskussionsrunden das Gefühl habe, als würde ich mich außerhalb des Themas bewegen. Nehmen wir an, bei einer Debatte über Menschenrechtsverletzungen spricht eine Teilnehmerin über ihren Kollegen, der 72 Stunden lang ohne Anklage in Haft saß. Oder sie äußert ihre Verärgerung darüber, dass die Verleger wegen ihres kritischen Textes Vertragsbruch begangen haben. Und über andere vergleichbare Fälle wird berichtet. Unter solchen Umständen bin ich sprachlos. Die Erfahrungen, die ich aus meinem Heimatland zu erzählen habe, kommen mir vor, als gehörten sie unter eine andere Überschrift. Statt mich auf meine Aussagen zu konzentrieren, werde ich von dem Gedanken geplagt, wann wir die Zustände meiner Mitdiskutanten, die sicher zwar von Schwierigkeiten gekennzeichnet sind, aber nicht das Leben kosten, je erreichen werden.

In Zusammenhang mit dem Tod der jungen Frau in Polen könnte ich über eine andere Art von Gewalt an Frauen berichten. In den letzten Tagen wurde eine 28-jährige Eritreerin in Dänemark von ihrem Partner mit einem Messer in Anwesenheit ihrer Kinder getötet. Vor einigen Monaten verlor in Großbritannien eine junge Frau von 19 Jahren ihr Leben, ermordet auf eine grauenvolle Art und Weise von ihrem eigenen Freund. In Europa, allein in diesem Jahr, wurden in Deutschland, den Niederlanden und Norwegen mehrere eritreeische Frauen von ihren Partnern umgebracht. Diese Frauen haben zuvor viele lebensgefährliche Fluchtwege überwinden müssen, um in diese sicheren Länder zu gelangen.

Warum sich solche Phänomene bei Geflüchteten wiederholen, müsste von Experten untersucht und beantwortet werden. Meiner Meinung nach hat all dies auch mit dem Zusammenstoß von Tradition und Fluchterfahrungen dieser jungen Leute in ihren Ankunftsländern zu tun. Das verursacht Stress bei ihnen, denke ich. Denn hier, wo alle mit ihren Lebensrealitäten zu kämpfen haben, hat niemand Zeit, um Wütende zu beruhigen, Streit zu schlichten und Einsame zu trösten. Viele finden hier nicht so schnell und einfach eine Freundin oder einen Freund, die helfen könnten, Schwierigkeiten abzumildern. Haben keine Eltern, die bei der Suche nach Problemlösungen helfen könnten. Ich erzähle dir von diesen Zuständen, weil sie mit unserer Erziehung, unseren Gewohnheiten und Lebensweisen zusammenhängen. Je nachdem, wie der Fall des Einzelnen aussieht, haben die Menschen hier eher mit juristischem als medizinischem Fachpersonal zu tun.

Stellen wir uns nur vor: Während Menschen wie Professor Feliszweski über die individuelle Freiheit des Einzelnen sprechen, wird Frauen das Recht auf ihr Leben durch ihre Partner verwehrt. Mir fehlt jegliche Phantasie, um mir auch nur annähernd vorzustellen, was diese Männer wohl dabei gedacht haben, als sie diese verhängnisvollen Schritte unternommen haben. Es ist traurig und erschreckend zugleich.

»Das Geheimnis aller Macht besteht darin, nur das zu tun, was alle bereitwillig tun würden«, fand ich unter den bekannten Zitaten von Klaus Kinkel. Wenn er noch am Leben wäre, dann hätte er gestern seinen 85. Geburtstag gefeiert. Hätte ich über Klaus Kinkel geschrieben, wenn er heute noch leben würde, überlege ich gerade. Wäre er ein Teil unserer Briefe? Schwer lesbare Handschrift würde man bei uns als ›Hühnergekritzel‹ bezeichnen. Wie du eure Mühe – von dir, deinen Eltern und der benachbarten Lehrerin – anschaulich schilderst, um die Botschaft von Klaus Kinkel zu entziffern, erinnert mich an den eritreischen Komödianten Ghirmay Yohannes (bekannt unter seinem Spitznamen ›San Diego‹). Viele Menschen – mich eingeschlossen – sind der Meinung, dass San Diego einer der besten Komiker Eritreas ist. Nachdem er *Assey* veröffentlicht hatte, erlangte sein Name eine große Bekanntheit. Vor Jahrzehnten veröffentlichte er regelmäßig in Zeitschriften und Zeitungen eine Geschichte über ein Komitee, das zur Entschlüsselung von ›Hühnergekritzel‹ gegründet wurde. Er schrieb eine Reihe unterhaltsamer Texte, die sich mit den Gesprächen und Diskussionen des Komitees auseinandersetzen.

Unter dem Titel *Wenn es so wäre?* konnte er die ferne Zukunft fantasievoll ausmalen und sie in Schrift umsetzen. Darin war er besonders begabt. Während eines Auftritts 2018 im Ausland rutschte ihm ein Wort heraus, das dem eritreischen Regime überhaupt nicht gefallen kann. Das Wort fand schnell eine Verbreitung im In- und Ausland. Als er erfuhr, dass er in der Heimat Gesprächsthema geworden war, strich er kurzerhand seine Rückreise und sorgte dafür, dass seine Familie ihm ins Ausland folgte. Gegenwärtig lebt er ohne berufliche Aktivitäten und abgeschieden von der Öffentlichkeit in einem afrikanischen Land. Kürzlich rief ich ihn an, um mich nach seiner Situation zu erkunden.

Der inzwischen 60-jährige San Diego ist auf der Suche nach einem sicheren Land.

Ich teile deine Wahrnehmung: Wenn man beim Erlernen einer neuen Sprache einmal Mut fasst und einfach losredet, verschafft man sich viel Freiheit. Jedenfalls finde ich das Pseudonym ›Frances Friday‹ auch recht passend.

Im letzten Brief erwähntest du einen Journalisten, den du bei seiner Recherche nach der Spur von Marta Feuchtwanger in München begleitest. Was ist sein Ziel? Ich meine, geht es darum, was sie geschrieben hat, um ihre Kämpfe und Ziele, oder geht es darum, was ihr heute über die Frauen schreibt?

Mit Dank für deine freundlichen Wünsche möchte ich meinen heutigen Brief beenden. 2022 möge für uns alle ein besseres Jahr werden. Mein grenzenloser Dank gilt PEN Deutschland, das mir die Chance geschaffen hat, mit dir zusammenarbeiten zu dürfen. Insbesondere bedanke ich mich aber bei dir.

Mit den herzlichsten Grüßen und besten Wünschen,

deine Yirgalem

7

16. Februar 2022

Liebe Yirgalem,

während ich dir schreibe, wissen wir alle immer noch nicht, ob es nun Krieg in der Ukraine geben wird, vielleicht schon morgen, oder ob es bei Putins Säbelrasseln bleibt. Wir wissen alle von, aber sprechen kaum noch über die Flüchtlinge, die zwischen Belarus und Polen feststecken, in der Winterkälte. Manchmal verstehe ich den Impuls, überhaupt keine Nachrichten mehr zu wollen, weil das Gefühl der Ohnmacht einen wirklich manchmal zu ersticken droht, aber mit einer Vogel-Strauß-Politik kommt man auch nicht weiter.

Außerdem bin ich dieser Tage auf meine eigenen vier Wände beschränkt und von Nachrichten abhängig. Nachdem ich mich am Samstag doch zwischen Husten, Schnupfen und Fieber ziemlich elend fühlte, war ich am Sonntag bei dem schönen Wetter spazieren, kam dabei an einer Teststation vorbei, die auch am Wochenende offen hatte, und dachte: vorsichtshalber. Und in der Tat, bei mir hat die Omikron-Variante zugeschlagen. Sagt der PCR-Test, dessen Ergebnis ich heute früh erhielt. (Der übliche Schnelltest war natürlich am Sonntag schon da.) Was für mich die nächsten zehn Tage Quarantäne bedeutet. Dabei habe ich im Unglück natürlich das Glück, diese in meiner eigenen Wohnung verbringen zu können, umgeben von Büchern, ohne Sorgen, frieren zu müssen, und mit Freunden, die für mich Lebensmittel einkaufen und Medikamente besorgen. Das ist so unendlich mehr, als so viele Leute haben, dass ich mich garantiert nicht beschwere.

Du fragst mich, wie ich den Winter empfinde: Ganz unabhängig von der derzeitigen Pandemie-Lage mag ich diese Jahreszeit eigentlich sehr. In einer Klimazone zu leben, wo das ganze Jahr über milde Temperaturen herrschen, wäre nichts für mich, so paradiesisch das auch klingt. Natürlich ist mir bewusst, dass ich es anders empfinden würde, wenn ich nicht in einer geheizten Wohnung säße, oder wenn ich zum Beispiel jeden Tag bei Eis oder Schnee autofahren müsste. Da dies jedoch nicht der Fall ist, kann ich mich über Schnee freuen, wenn er fällt. Vor der Pandemie habe ich die Nähe zu den Alpen, die hier in München gegeben ist, oft zum Skifahren genutzt. Aber auch Spaziergänge durch eine verschneite Landschaft machen mir viel Freude. Es gibt auch Mahlzeiten und Getränke, die ich spezifisch mit Winter assoziiere, Gerüche sogar – nach Zimt, größtenteils –, und deprimiert bin ich eher, wenn es überhaupt nicht schneit, sondern nur hin und wieder regnet.

Soweit die rein persönliche Perspektive, von der mir, wie gesagt, bewusst ist, dass sie eine privilegierte ist, und sich sofort ändern würde, wenn ich in einer anderen Lage wäre. Aber lass mich dir noch ein paar gute Winter-Erinnerungen erzählen. Als ich noch klein war, bauten mein Bruder und ich wie viele Kinder Schneemänner. Heute weiß ich gar nicht mehr, wie wir dabei die zweite Kugel auf die erste brachten – hat uns mein Vater geholfen? Haben wir einfach einen riesigen Schneehaufen zusammengetragen und daraus dann zwei Kugeln geformt? Ich weiß aber noch, wie wir danach immer hofften, dass es noch möglichst lange kalt bleiben möge, weil sich jedes Mal, wenn die Temperatur hochgeht, Schneemänner natürlich in gewaltige Pfützen verwandeln. Wir waren dann immer sehr geknickt. Viele Jahre später habe ich ein Märchen über einen Schneemann geschrieben, dem es gelingt, dem Schmelzen zu entkommen; ich glaube, da sind einige meiner kindlichen Gefühle hineingeflossen.

Einmal hatte ich das Glück, tatsächlich ein paar Karnevalstage in Venedig zu verbringen. Nun ist Venedig zu allen Jahreszeiten eine der schönsten Städte der Welt. Aber an einem sonnigen, kalten Tag, wenn Schnee auf den Dächern und Brückengeländern glitzert und die Mehrzahl der Menschen märchenhafte Kostüme trägt? Das ist atemberaubend. Ich werde dir ein paar Bilder per WhatsApp schicken, um dir zu zeigen, was ich meine. Wer weiß, wann ich Venedig wiedersehe, ganz gleich, zu welcher Jahreszeit, wahrscheinlich dauert das noch viele Jahre, aber so wie damals im späten Februar werde ich die Stadt wohl nie wieder erleben.

Verzeih den Ausflug in die Winternostalgie; gerade, wenn es hier und heute nicht so toll ist, hole ich mir manchmal etwas Aufheiterung in solchen Erinnerungen, und unterhaltsamer, als vom neuesten Hustenanfall zu schreiben, sind sie allemal. Da du mich nach Reisekrankheiten fragst: Klar, ich kenne den einen oder anderen, der damit Probleme hat, und es tut mir leid, dass für dich das Reisen ein solches Martyrium bedeutet. Mir selbst ist nur auf der einen oder anderen Bootsfahrt speiübel geworden, wenn der Wellengang hoch war. Einmal auch im Auto, als ich noch klein war. Mein Vater neckt mich heute noch damit, dass ich den Spinat, den ich damals gerade gegessen hatte, über seinen Rücksitz erbrach, sodass er den gesamten Wagen tiefreinigen musste. Aber größtenteils verkrafte ich das Reisen körperlich gut, vor allem mit den öffentlichen Verkehrsmitteln, was nützlich ist, weil ich – jedenfalls vor der Pandemie – beruflich sehr viel unterwegs war. Unangenehm wurde es höchstens, wenn zum Beispiel am letzten Tag der Frankfurter Buchmesse die Züge aus Frankfurt so voll waren, dass sie nicht mehr losfahren durften, bis nicht ein paar Leute ausgestiegen waren. Da waren dann auch schnell die Zugtoiletten im Eimer, die schiere Anzahl an Menschen ließ die Luft schlecht werden, und meistens waren einige dabei, die sehr laut wurden. Aber das war, wie gesagt, die Ausnahme, und heute werden Züge erst gar nicht mehr so voll.

Da ich ziemlich viele historische Romane geschrieben habe, kenne ich mich auch etwas mit den Reisebedingungen früherer Jahrhunderte aus, und ich kann dir versichern: In den Zeiten von Kutschen und Leiterwägen (bestenfalls) und endlosen Fußmärschen (für die Mehrzahl der Bevölkerung) wäre ich auch nicht gerne auf Reisen gegangen. Meine Begeisterung für lange Spaziergänge und Wanderungen ist auch damit verbunden, dabei nicht gleichzeitig sehr schweres Gepäck mit mir schleppen zu müssen, und das wäre in früheren Epochen natürlich der Fall gewesen. Jedes Mal, wenn mich jemand fragt, ob ich lieber in einer anderen Zeit leben würde, weil ich Geschichte faszinierend finde, muss ich lachen. 100 Prozent nicht.

(Na ja. Eine Zeit ohne Pandemie und globalem Rechtsradikalismus auf dem Vormarsch wäre natürlich besser, aber da sehe ich mich eben aufgefordert, meinen kleinen Teil dazu beizutragen, damit das Hier und Heute in dieser Beziehung besser wird. Derzeit durch Einhaltung der Quarantäne, vorher durch Maskentragen und Impfen. Und dadurch, nicht wegzuschauen, wenn Unrecht geschieht. Auch wenn die Nachrichten noch so unerträglich sind.)

Es tut mir leid, von der Verhaftung des Schriftstellers und Journalisten zu hören, mit dem du befreundet bist. Was du von dem anderen Journalisten erzählst, der als Informant für das Regime arbeitet, erinnert mich daran, wie nach dem Ende der DDR, als die Unterlagen der Stasi (des DDR-Geheimdienstes) für die Betroffenen freigegeben wurden, zahllose Menschen entdecken mussten, dass sie von Freunden, Nachbarn oder manchmal sogar Familienangehörigen bespitzelt worden waren. Ganz Eritrea sei ein Gefängnis geworden, meinst du. Aber kein Gefängnis bleibt eines für die Ewigkeit. Wenn Eritrea einmal die Diktatur überwunden hat, dann, stelle ich mir vor, wirst du und werden die übrigen überlebenden Menschen, die gefangen waren und verfolgt wurden, vielleicht auch erfahren können, wer genau als Informant gearbeitet hat, wer andere angezeigt hat et cetera. Würdest du es bezüglich deiner eigenen

Haft wissen wollen? Wenn ja, was würdest du dir als Konsequenz für die Betreffenden wünschen? Ich frage auch, weil im PEN die älteren Mitglieder immer noch von den bitteren Auseinandersetzungen erzählen, die geführt wurden, als es darum ging, dass sich der west- und der ostdeutsche PEN zu einer Organisation zusammenschließen sollten. Dabei wurde mehreren der ostdeutschen Mitglieder vorgeworfen, dass sie für den Staat Spitzel- und Propaganda-Dienste verrichtet hätten. Ich selbst war damals noch kein PEN-Mitglied, ich kenne die Geschichten nur aus zweiter Hand, aber die emotionalen Narben sind heute noch vorhanden, das spürt man, wann immer jemand davon erzählt.

Menschenrechtsverletzende Länder im UN-Menschenrechtsrat: Ich verstehe das auch nicht. Es ist ja nicht ›nur‹ Eritrea, sondern auch und gerade China, Russland und die Philippinen, die, um dein Bild vom Tiger fortzuspinnen, hier ausgewachsene Raubtiere als Schafhüter sind. Auf deine Frage hin habe ich mich nach dem momentanen Stand erkundigt, und es ist wohl so, dass der derzeitige Rat aus 47 Mitgliedern besteht und diese 47 Mitglieder nach regionalen Gruppen verteilt werden. 13 Sitze gehen an Afrika, 13 an Asien, sechs Sitze gehen an Osteuropa. Acht Sitze bekommen die Staaten Lateinamerikas und der Karibik sowie sieben Sitze Westeuropa und die anderen Staaten. Welche 13 afrikanischen Staaten, 13 asiatischen et cetera vertreten sind, entscheidet die Generalvollversammlung der UNO in geheimer Wahl. Und das heißt, es müssen mehrheitlich genügend Mitglieder für Eritrea, Russland, China et cetera gestimmt haben. Dafür wiederum sehe ich zwei ziemlich zynische Erklärungsmöglichkeiten: a) Die Mehrzahl der Mitglieder sind keine Demokratien, und unter Tigern versteht man sich, und/oder: b) Bestechung? Aber doch wohl nicht im Fall von Eritrea, das im Gegensatz zu Russland kein Geld hat.

Es freut mich, dass du die Gedenkstätte an der LMU für die Weiße Rose besucht hast. Mir bedeuten diese Studenten, die vor 80 Jahren alles riskierten, sehr viel, und wenig macht mich wütender als der Umstand, dass heutige Impf- und Maskengegner Arm in Arm mit Rechtsextremisten marschieren. Dabei gefährden sie das Leben von anderen und kommen sich toll vor, und haben den Nerv, sich auf Menschen wie die Geschwister Scholl zu berufen, die gegen eine mörderische Diktatur protestierten und dafür mit ihrem Leben bezahlten. Ganz zu schweigen von den Widerlingen, die Konzentrationslager mit Impfungen gleichsetzen. Wenn ich so etwas höre, dann wird mir übel, und gleichzeitig bin ich versucht, laut zu schreien. (Was auch niemandem nützen würde.)

Wie ich sehe, sind mehrere Videos von San Diego auf YouTube, aber leider ohne Untertitel in Englisch oder Deutsch, sodass ich sie nicht verstehen kann. Auf jeden Fall bin ich erleichtert, dass er und seine Familie sich in Sicherheit befinden. Wenn es irgendwo ein Video mit Subtitles von ihm gibt, schick mir den Link – durch Humor und Schauspiel kann man viel über ein Land und seine Menschen lernen. Vor etwa zwei Jahrzehnten war ich einmal eine Woche lang in Südafrika – in Johannesburg und Pretoria –, wo mich die deutschsprachigen Schulen zu Lesungen eingeladen hatten. Zwischendurch ging ich mit einigen der Lehrer auf ein Theaterfestival in Johannesburg, *Young African Directors Festival* hieß es, und wir schauten uns drei Einakter hintereinander an. An eines der Stücke kann ich mich noch gut erinnern, es ging um den ›Taxikrieg‹ in Soweto. Ich verstand nur die Hälfte der Worte, weil das südafrikanische Englisch sehr anders betont wird, als ich es gewohnt war, aber durch die Darstellungskraft der Schauspieler war mir der Rest auch verständlich.

Das Projekt, dessentwegen ich mit einem Journalisten auf den Spuren von Marta Feuchtwanger durch München lief ... also, zunächst einmal geht es nicht ›nur‹ um Schriftstellerinnen, sondern um ›Frauen des Exils‹. Einige davon waren Autorinnen, aber nicht alle. Marta Feuchtwanger zum Beispiel war keine Schriftstellerin, ihr Mann, Lion Feuchtwanger, war Schriftsteller. Aber sie war eine sehr starke Persönlichkeit, ohne die er nicht überlebt hätte. Sie hat ihn nicht nur einmal, sondern zweimal aus der Gefangenschaft geholt und später die gemeinsame Flucht von Frankreich über die Pyrenäen nach Spanien und von dort aus in die USA organisiert und möglich gemacht. Gerade weil früher die Ehefrauen kaum als eigenständige Persönlichkeiten wahrgenommen wurden, wenn man über die Flüchtlinge des Dritten Reiches sprach, will man das heute anders machen. Aber ich hatte noch weitere Gründe, mich für Marta F. zu entscheiden, als mir der Deutschlandfunk mehrere Frauen des Exils zur Auswahl anbot. Als ich Mitte der 1990er Jahre in Los Angeles für meine Doktorarbeit über Feuchtwanger – also Lion – recherchierte, hörte ich viel über Marta, die zu dem Zeitpunkt erst etwa fünf Jahre tot war, und wohnte sogar ein paar Monate in ihrem ehemaligen Zimmer in der Villa Aurora. Ich konnte dem Journalisten, Étienne Röder, also eine Menge erzählen, und weil ich in München wohne, kannte ich auch all die Orte, die mit Martas Kindheit und Jugend in Verbindung stehen – der Ort, wo ihr Geburtshaus stand (heute nicht mehr, den Krieg hat es nicht überlebt), einige der Adressen, wo sie und Lion gewohnt haben, sich begegnet sind, Fasching gefeiert haben, oder nach dem Ersten Weltkrieg von Freikorps-Soldaten überrascht wurden, und so weiter.

Dieses ganze Material ist nicht nur fürs Radio, sondern auch für eine App bestimmt, mit der dann die Leute in München und Los Angeles auf den Spuren dieser Frauen gehen können und gleichzeitig hören, was die heutigen Autorinnen über die Frauen des Exils erzählen.

Wenn ich aus der Quarantäne heraus und genesen bin, würde ich dich gerne auch wieder auf einen Spaziergang einladen. Wahrscheinlich ist es bis dahin etwas wärmer, und der Winter, der dich so bedrückt, beginnt bereits, allmählich dem Frühling zu weichen. Wenn nicht, dann gehen wir einfach in ein Café!

Ich grüße dich, und hoffe, dass bis dahin auch kein Krieg in der Ukraine ausgebrochen ist ...

Tanja

Liebe Tanja,

ich hoffe, es geht dir gut. Dein Brief begann mit dem unfassbaren Konflikt zwischen Russland und der Ukraine, der in erster Linie für die Menschen in Europa Anlass für Spannung und Angst und darüber hinaus eine Gefahr für die gesamte Welt geworden ist. Beim Aufsetzen des Briefes wussten wir nicht, wohin alles führt. Wird es bei Drohungen bleiben oder müssen wir Schlimmes befürchten?

Jetzt, während ich deinen Brief beantworte, befinden wir uns in einer völlig anderen Phase. Aus Putins Drohungen wurde ein Krieg, und seit Russland die Ukraine überfallen hat, sind bereits drei Wochen vergangen. Zerstörung, Tod von Kleinkindern und Müttern, Flucht von hunderttausenden Zivilisten sind die Folgen. Es ist schwer, die richtigen Worte zu finden. Die Auswirkungen des Krieges spürt man weit über Europa hinaus bis ins tägliche Leben von Familien anderer Regionen der Welt.

Fachleute und Politiker, die die Lage näher und aufmerksam verfolgten, mögen die Entwicklungen vorausgesehen haben. Für mich fühlt sich die ganze Situation an, als wäre plötzlich ein Vulkan ausgebrochen. Ähnlich wie die Corona-Pandemie, die innerhalb kurzer Zeit große Angst und Schaden auslöste, versetzt dieser Krieg mit einer noch schnelleren Geschwindigkeit die Welt in große Sorge. Den größten Preis dafür zahlen wie immer Zivilisten – viele verlieren ihren Frieden, viele andere ihr Leben. Wann der Krieg enden könnte, ist schwer abzuschätzen.

Zusätzlich zu diesem Ereignis, welches die gesamte Welt in Schock und Schrecken versetzte, gibt es eine Tatsache, die mich in den letzten Tagen sprachlos machte. (Es hat auch mit dem zu tun, was du in deinem Brief über die Besetzung des UN-Menschenrechtsrates erörtert hast.) Es geht wieder um mein Land, das sich erneut gegen die Weltgemeinschaft auflehnt und sich als einziges afrikanisches Land neben Belarus, Syrien und Nordkorea an die Seite Russlands stellt. Auch wenn dieser Schritt mich nicht überrascht hat, da ich den Charakter des Regimes gut kenne, war es für mich doch sehr bitter. Was diese Länder verbindet, ist die Tatsache, dass sie von Diktatoren regiert werden und ihre Staatsbürger ein leidvolles Leben führen oder auf der Flucht sind.

Als Eritrea den Stempel ›Afrikas Nordkorea‹ aufgedruckt bekam, sollte damit auf seine gefährliche Entwicklung hingewiesen werden. Mit der Unterstützung der russischen Invasion eines souveränen Staates beweist sich Eritrea wieder mal als Nordkoreas bester Verbündeter. Es schmerzt besonders, wenn das eigene Land sich als Befürworter eines zerstörerischen Krieges an die Seite des Aggressors stellt. Jedes Mal, wenn der Name Eritrea fällt, fühle ich mich mitgezählt. Stelle dir vor, als viele Eritreer den Standpunkt ihres Landes hörten, wünschten sie sich plötzlich wenigstens den dritten Weg – nämlich die Enthaltung.

(Es gab auch Länder, die sich selbst einen vierten Weg verschafften. Äthiopien ist eines dieser Länder, welches sich während der Abstimmung aus dem Saal entfernte. Äthiopien, das sich in einem grausamen Bürgerkrieg befindet, hätte eigentlich als erstes den Krieg verurteilen müssen. Doch um einer klaren Positionierung zu entgehen, schlich sich das Land aus dem Saal.)

Auf der anderen Seite war es unmenschlich, was afrikanische Migranten durch den Ausbruch des Krieges in der Ukraine erleben mussten. Während die Welt gegen die Invasion der Ukraine schrie, waren die rassistisch motivierten Benachteiligungen ein Anlass für den Aufschrei von afrikanischen Migranten. Darüber wurde viel im *Voice of America* und *BBC* berichtet.

Dieser Krieg hat vielfältige menschliche Seiten offenbart. Mich hat es bewegt, wie sich einerseits russische Staatsbürger in Gefahr brachten, indem sie gegen den russischen Angriff auf die Straße gingen, und andererseits in den Nachbarländern (inklusive Deutschland) Menschen zu den Grenzübergängen und Bahnhöfen strömten, um geflüchtete Ukrainer in Empfang zu nehmen.

Der Krieg eskaliert in einer schlimmen Art und Weise weiter. Am Anfang beherrschte die Aufregung über den russischen Angriff und Putins Irrsinn die Welt. Mittlerweile geht der Krieg in eine sehr beunruhigende und beängstigende Phase über. Die Tötungen und Zerstörungen haben extrem zugenommen. Welches Wunder könnte diese Glut zum Erlöschen bringen? Eine quälende Frage, die heute sicher viele Menschen beschäftigt. Denkst du, der Krieg wird sich auf die Nachbarländer ausbreiten? Meinst du, die Gespräche zwischen Russland und der Ukraine werden Früchte tragen? Wie interpretierst du Chinas Schweigen? Könnte die NATO dazu beitragen, den Konflikt friedlich beizulegen? Ein Sieg Russlands könnte sicher doch auch ein Ansporn für Diktatoren und Despoten sein?

Ich weiß nicht, ob alle meine Fragen obsolet sind, wenn dieser Brief dich nicht schnell übersetzt erreicht. Mit etwas Glück werden sich unsere nächsten Briefe mit Lösungen des Konfliktes, mit neuen Friedensaussichten und gemilderten Sorgen der Welt beschäftigen ... Ich bin ratlos!

Omikron hat also auch dich erwischt und du musstest deshalb in Quarantäne. Deinen Posts auf Facebook konnte ich entnehmen, dass du wieder aus der Quarantäne heraus bist. Weil du viel auf Reisen bist, kann ich mir vorstellen, dass eine Quarantäne dir nicht leichtfällt. Andererseits denke ich, dass sie eine positive Wirkung auf das Schreiben haben könnte.

Deine Kindheitserinnerungen mit dem Schneemann gefallen mir gut. Die Figur des Schneemanns ist für mich neu, deshalb konnte ich mir nicht vorstellen, wie sie hergestellt wird. Miras Walid, die für mich deine Briefe ins Tigrinya übersetzt, erklärte mir, wie der Schneemann gebaut wird. (Falls ich es dir bei unseren Begegnungen nicht erzählt habe: Unsere Briefe werden von zwei jungen Frauen übersetzt. Deine Briefe übersetzt Miras Walid und meine Briefe werden von Kokob Semere übersetzt.)

Von deinen Kindheitserinnerungen inspiriert, versuchte ich, in meine Vergangenheit zurückzublicken. Als erstes fielen mir die gesellschaftlichen Verhältnisse ein, in denen Kinder er- und großgezogen werden. Ich wuchs in einer strengen Gesellschaft auf, in der Tadel und Strafe angewendet werden. Sobald ein Gast das Haus betritt, begibt sich das Kind unbemerkt nach draußen. In Unterhaltungen von Erwachsenen darf es sich auch nicht einmischen. Solltest du als Kind draußen durch irgendein Fehlverhalten auffallen, fühlt sich jeder Erwachsene berufen, dich zu mäßigen oder gar zu bestrafen. Wenn du Glück hast und dich dabei zufällig ein netter Mensch erwischt, bleibt es bei einer Erklärung oder einem einfachen Tadel; schließlich hätte die Person dich auch bestrafen können. Falls die Person sich entscheidet, dich deinen Eltern zu übergeben und sie über deine Verfehlungen zu informieren, dann ist es gut möglich, dass deine Eltern sich mit folgenden Worten bedanken:»Du hättest es ruhig bestrafen sollen.« Dementsprechend fühlen sich alle aber auch dazu verpflichtet, sich um dich zu kümmern und dich zu beschützen. Kurz gesagt: Ein Kind gehört nicht nur der eigenen Familie. Alle sorgen sich um das Kind, aber können es auch disziplinieren.

Als ich in Uganda war, erzählte mir ein Einheimischer über den Umgang mit Kindern dort, was meinen Erfahrungen in meiner Heimat widersprach. So kann man dort ein Nachbarskind nicht unbekümmert in den Arm nehmen oder ihm einen Kuss geben. In Eritrea dagegen ist es kaum denkbar, dass jemand an einem Kind schweigend vorbeiläuft, ohne es anzusprechen, kurz zu drücken oder einen Kuss zu geben. Das Mindeste wäre, dem Kind ein Lächeln zu schenken. Dabei spielt es keine Rolle, ob man seine Eltern kennt oder nicht.

Durch den herrschenden Glauben, dass Kinder ›Geschenke Gottes‹ seien, sollte man es nicht wagen, die Anzahl der Kinder, die man haben möchte, auszusprechen, oder welches Geschlecht eines haben soll. Wie viele Kinder es auch werden und welches

Geschlecht das Kind auch haben mag: Man sollte es dankbar annehmen.

Gleich nach der Entbindung geben die anwesenden Frauen laute Freudenjubel von sich und verkünden damit die Geburt eines Kindes. Durch die Akustik und die Häufigkeit des Jubilierens erfahren die Menschen in der Umgebung, dass die Mutter die Geburt wohl überstanden und ob sie einen Jungen oder ein Mädchen zur Welt gebracht hat. Sieben Mal jubilieren bedeutet Junge und bei dreimaligem Jubilieren handelt es sich um ein Mädchen. (Dieser Brauch wird bei uns viel diskutiert, weil dies schon einen ersten Hinweis auf die Benachteiligung aufgrund des Geschlechtes gibt.) Während der Schwangerschaft eine Baby Shower zu feiern, ist dort unvorstellbar. Kleider vor der Geburt eines Babys zu kaufen, wurde früher auch als Tabu angesehen. (Erst seit kurzem gibt es in Eritrea medizinische Apparate zur Feststellung des Geschlechts während der Schwangerschaft.)

Zu einer modernen Frau, die den bisherigen Brauch missachtet, würde meine Mutter folgendes sagen: »Bitte decke deinen Bauch mit einem Tuch zu, meine Liebe. Babykleider vor der Geburt kauft man nicht. Wichtiger ist, dass du die Entbindung gut überstehst. Bete, dass Gott dir ein gesundes Kind schenkt ...«

Ich kann hauptsächlich für das eritreische Hochland sprechen, aber soviel ich weiß, sind fast alle traditionellen Mütter nicht erfreut darüber, dass moderne Frauen die Bräuche und Gewohnheiten missachten. Trotz allem bewundere ich ihre Stärke und resilienten Charaktere. Teilweise bringen sie bis zu zehn Kinder zur Welt und widmen sich mit unerschöpflicher Liebe und großer Freude ihren Aufgaben bei der Erziehung und Fürsorge ihrer Kinder. Die Frauen, die ich kenne, widmen sich ausschließlich ihrer Mutterrolle, seit dem Tag, an dem sie Mutter geworden sind. In dieser Rolle zu sein, erfüllt sie mit Glück. Trotz fehlender Bildung sind sie klug und gute Verwalterinnen. Sie sind arm, aber schaffen es mit dem Wenigen, das sie haben, irgendwie alle über die Runden zu bringen.

Meine Mutter hat sieben Kinder – und trotzdem wollte sie mehr. In Ländern wie Eritrea verlaufen Schwangerschaften nicht ohne Komplikation. Ich erinnere mich an die Aufklärungskampagne des Gesundheitsministeriums: »Every Pregnancy is Risk«. Denn es sind nicht wenige Frauen, die wegen der mangelhaften medizinischen Versorgung und rückschrittlichen Bräuche während der Schwangerschaft und Entbindung ihr Leben verlieren.

Diese Beispiele bringe ich, in der Hoffnung, dass sie uns helfen können zu verstehen, welche Privilegien wir hier haben, während in anderen Regionen der Welt fundamentale Dinge fehlen.

Bevor ich zum nächsten Punkt übergehe, fällt mir aus meiner frühen Kindheit doch noch etwas ein. Als kleines Kind fiel es mir sehr schwer, mich von neuen Kleidern oder Schuhen, die ich zum Anprobieren bekam, zu trennen. Dabei spielte es keine Rolle, ob die Sachen passten oder nicht. Deshalb erfanden meine Eltern immer eine Ausrede, damit ich die Sachen auszog: »Sie gehören einem Nachbarskind. Du darfst sie anprobieren, bevor seine Mutter sie abholt.« Wenn sie mir passten, wurde mir dafür versprochen, dass man mir die gleichen Sachen kaufen würde. Das Anprobieren konnte nur so friedlich über die Bühne gebracht werden. Trotz allem galt ich als ein pflegeleichtes und kooperatives Kind.

In einem meiner letzten Briefe teilte ich dir mit, dass ich ein Buch über meine Haftzeit und die damit zusammenhängenden Ereignisse meines Lebens zuende geschrieben habe. Wegen mehrerer Details darin konnte ich aber nicht entscheiden, wann das Buch veröffentlicht werden kann. Nun habe ich die Hoffnung, dass es bald herausgebracht werden kann. Mein anderes Buch, das danach entstanden ist, ist soweit fertig und soll voraussichtlich Ende April oder Anfang Mai gedruckt werden.

Wie du es dir denken kannst, geht es um Geschichten aus der Haft. Es sind 31 kurze Geschichten. Es beleuchtet kleine Ausschnitte aus den Geschichten von verschiedenen Gefangenen.

Es geht zum Beispiel um das Leid einer stillenden Mutter, die kurz nach der Geburt ihres Kindes entführt und inhaftiert wurde. Weil sie nicht mehr stillen konnte, schwollen ihre Brüste und bereiteten ihr große Schmerzen. Ihr Leid hautnah mitzubekommen, bringt dich in ein emotionales Chaos, weil du dabei nur zuschauen kannst.

Hier ist ein völlig anderer Fall, der sich von den Schicksalen der meisten Gefangenen unterscheidet: Sie war alt und konnte sich nur auf einen Gehstock gestützt bewegen. Weil es für die Gefangenen keine Toiletten gibt, musste sie sich auf das steinige Feld begeben, um ihre Notdurft zu verrichten. Zitternd versuchte sie, sich auf den Boden zu hocken. Weil ihr oft aber die Kraft fehlte, fiel sie um und musste des Öfteren im Stehen wasserlassen. Was kann die Grausamkeit des Regimes noch mehr illustrieren?

Dann gab es eine Frau, die gemeinsam mit ihrem Bruder verhaftet wurde. Die brutale Folter überlebte er nicht. Nichtsahnend erzählte seine Schwester täglich von ihrem geliebten Bruder, von dem sie glaubte, dass er in irgendeiner Zelle oder in einem anderen Gefängnis säße. Solche Situationen direkt zu erleben, schmerzt unendlich. Das sind einige der Inhalte des Buches, in das ich meine Erlebnisse und Gefühle einfließen lasse. Darin enthalten sind auch Briefe, wie der an Amanuel Asrat.

Ihre Geschichten sind weit schlimmer und härter als die meine. Ich will ihre Geschichten und Schicksale dokumentieren und sie so in Erinnerung halten. In eritreischen Haftanstalten sind unendlich viele Geschichten begraben; es ist unmöglich, sie alle zu erzählen und aufzuschreiben.

Nach 16 Jahren Hausarrest starb im letzten Februar der Patriarch der Eritreischen Orthodoxen Kirche mit 95 Jahren. Vor seinem Arrest wurde er seines Amtes enthoben und verlor alle seine Titel. Der Grund, warum er sich mit dem ›Mann‹, der seit 32 Jahren an der Macht ist, überworfen hatte, war, dass der Geistliche zu ihm sagte: »Mische dich bitte nicht in die Angelegenheiten der Kirche ein und verhafte auch keine Menschen ohne Gerichtsurteil.« Weder über seine Verhaftung noch über seinen Tod wurde in der Öffentlichkeit gesprochen. So, als wäre gar nichts passiert.

Wie kann man so etwas bezeichnen? Wenn du hörst, dass der Oberste Religionsführer auf Befehl eines Diktators 16 Jahre lang inhaftiert wird, und mit 95 Jahren in Haft stirbt, was kann man dazu sagen? Dass es das Werk eines gesetzlosen, brutalen Despoten ist? Trifft das ungefähr zu?

Um beim Thema zu bleiben: Du hast mir im letzten Brief die Frage gestellt, ob ich bezüglich meiner eigenen Haft wissen wollen würde, wer mich ins Gefängnis verraten hat und welche Konsequenzen ich mir für die Betreffenden wünschen würde. Eritreas Staatssicherheitsdienst hat, meiner Einschätzung nach, vielfältige Methoden benutzt. Es gibt Arbeitsweisen, die nicht sonderlich komplex sind. Aufgrund der geringen Größe der Bevölkerung sowie der Lebensverhältnisse werden ausgefeilte Methoden für nicht besonders relevant erachtet. Weder diejenigen, die für die Verhaftung verantwortlich sind, noch die, die Verhöre durchführen, bemühen sich darum. Damit wird versucht, den Zusammenhalt und das gegenseitige Vertrauen in der Bevölkerung zu zerstören. Sie gehen so weit, dass sie dabei die Quelle ihrer Informationen und sogar Namen nennen.

Als mir während des Verhörs vorgeworfen wurde, dass meine Gedichte den Staatsführer kritisierten und ich es vehement verneinte, sagte mir der Beamte: »Da ich von Gedichten nicht viel verstehe, kannst du mich in die Irre führen. Mir liegen aber Interpretationen deiner Gedichte vor, von Dichtern wie dir, die du gut kennst und die dich kennen, und die auch Bescheid wissen, was du denkst und schreibst.«

Klar kommen dir in solchen Momenten Menschen in den Sinn, die aus dem Kreis des Regimes sind und sich Vorteile von unseren Verhaftungen erhoffen. Bei einem anderen Verhör zitierte er einen Kommentar von mir, den ich während einer internen Sitzung bei Radio Bana abgegeben hatte. Ohne den Namen zu nennen, verriet er also praktisch die Quelle seiner Information.

Jedes Mal, wenn mein jüngerer Bruder vom Militär ohne Erlaubnis nach Hause kam, tauchten nachts Soldaten auf und holten ihn ab. Für meine Familie war es nie ein Geheimnis, wer ihn verraten haben könnte. Um die Informanten vor einem Gericht anzuklagen, haben wir vielleicht nicht genug Beweise, aber wir können wohl behaupten zu wissen, wer uns verraten und in all die Schwierigkeiten gebracht hat. Wie du es schon gesagt hast: Wenn eines Tages die Registerbücher der Gefängnisse öffentlich werden und von allen gelesen werden, könnten unerwartete Wahrheiten ans Tageslicht kommen und erschreckend sein.

Nun gehe ich auf deine zweite Frage ein. Ich möchte diejenigen vor Gericht gestellt sehen, die sich als Werkzeuge einer brutalen Unterdrückung instrumentalisieren lassen. Wie sie ihre verbrecherischen Taten bereuen und damit eine Lehre für andere werden, würde ich gerne sehen. Recht und Gesetz als Rächer aller leidenden Menschen zu sehen, wünsche ich mir. Ein Eritrea, in dem Recht und Gesetz den höchsten Stellenwert haben, ist meine Sehnsucht. Ich erhoffe mir eine Gesellschaft, in der niemand ohne ein rechtsstaatliches Verfahren verurteilt oder bestraft wird. Wenn es soweit ist, würde ich gerne persönlich im Saal anwesend sein, wenn diejenigen, die durch ihre Kollaboration das verbrecherische Regime aufrechterhalten haben, verurteilt werden.

Leider konnte ich kein Video des Komödianten San Diego finden, das ins Deutsche oder Englische übersetzt ist. Ehrlich gesagt habe ich auch nicht erwartet, ein übersetztes Video zu finden. So populär, wie er ist, müssten eigentlich einige multilinguale Videos auftauchen. Aber es zeigt deutlich, wie Eritrea, abgeschottet vom Rest der Welt, vor sich hin existiert. Ich habe aber vor, ihn zu fragen, ob etwas von seinen Werken übersetzt wurde. Es gibt ein Buch mit einer Gedichtsammlung von eritreischen Autoren (auf Tigrinya, Tigre und Arabisch), das ins Englische übersetzt wurde. Die Überschrift »Who Needs a Story?« ist ein Gedicht von San Diego.

Die Bilder, die du mir gesendet hast, finde ich faszinierend. Du hast den Winter wahrhaftig in seiner Schönheit erfasst. Wie du weißt, bin ich nicht Winter-erfahren, aber trotzdem frage ich mich aus einer Faszination heraus: »Hätte ich den Mut, an so einem Ort voller Schnee zu sein?« Wahrscheinlich nicht, aber verführerisch ist es dennoch.

Deinen Vorschlag, sich auf einen gemeinsamen Kaffee oder zu einem Spaziergang zu treffen, nehme ich mit Freude an. Ich melde mich bei dir über WhatsApp.

Mit der Hoffnung auf ein baldiges Treffen verabschiede ich mich an dieser Stelle.

Mit den besten Wünschen,

deine Yirgalem

8

Liebe Yirgalem,

zwei Monate Krieg und kein Ende in Sicht. Bis du diesen Brief
übersetzt liest, hat sich das gewiss nicht geändert. Ein ukrainischer Professor, der eine meiner Kurzgeschichten in seine Sprache übersetzt hat, ist auch deswegen noch am Leben, weil er
bei Kriegsausbruch gerade seine Eltern auf dem Land besuchte.
Sonst wäre er unter Umständen in einem der Vororte von Kiew
gewesen, die von den Russen besetzt und verwüstet wurden.
Jetzt ist er in Czernowitz in der Nähe der rumänischen Grenze
untergekommen, hilft als Dolmetscher, und unterrichtet seine
Studenten weiter online über Zoom. Die Studenten befinden
sich teils noch in der Ukraine, teils in anderen Ländern auf der
Flucht. Vor einer Woche konnte ich einen Vortrag für sie halten,
und anschließend mit ihnen diskutieren, bis nach etwa einein-
halb Stunden Luftalarm für alle in der Ukraine befindlichen
Teilnehmer dem ein Ende setzte. Nun frage ich mich, wie viele
der jungen Leute, mit denen ich diskutierte, bei Kriegsende
noch am Leben sein werden, oder am Leben, gesund, sicher
und frei. Dass sie unter diesen Umständen überhaupt weiterhin
lernen und lehren wollen, beeindruckte mich ungeheuer.

»Es schmerzt besonders, wenn das eigene Land sich als Befürworter eines zerstörerischen Krieges an die Seite des Aggressors
stellt«, schreibst du in Sachen Eritrea. Ohne einen direkten
Vergleich bemühen zu wollen: Angesichts der Tatsache, dass wir

Deutschen von Russlands Gas abhängig sind, helfen wir derzeit dabei, Putin zu finanzieren. Und ein Teil der Politiker ist damit beschäftigt, sich mit dem ukrainischen Botschafter herumzustreiten. Dass Deutschland bei jedem Sanktionspaket und jeder Unterstützungsmaßnahme, von der Abkopplung der russischen Banken vom SWIFT-System Ende Februar bis hin zum Liefern schwerer Waffen jetzt, immer erst zögerte und gefühlt mitmachte, wenn schon zwei Drittel der restlichen EU an Bord waren, hat bei mir auch Scham ausgelöst. Natürlich ist mir klar, dass es keine einfachen Lösungen gibt, und dass die Furcht vor dem Dritten Weltkrieg eine reale ist. Außerdem unterstützt bei uns die Gesellschaft im Moment die ukrainischen Flüchtlinge stark (ich hoffe nur, das kippt nicht irgendwann, wie seinerzeit 2015/2016 mit den syrischen Flüchtlingen). Aber wenn mein ukrainischer Professor mir solche Zeilen schreibt wie »Das Kinderheim aus dem Gebiet Cherson konnte leider doch nach Tscherniwzi nicht evakuiert werden. Über 50 Kinder sind laut einem Zeitungsbericht kurz vor der Ausreise aus der Kirchengemeinde, wo sie vorläufig untergebracht wurden, vom russischen Militär irgendwohin weggebracht worden« – dann möchte ich schreien und fühle mich entsetzlich ohnmächtig.

Um nicht scheinheilig zu sein, oder gar zu behaupten, ich selbst hätte es schon immer gewusst: Vor ein paar Jahren noch habe ich beispielsweise in den amerikanischen Einwänden gegen Nordstream 2 vor allem den Versuch des damaligen US-amerikanischen Präsidenten gesehen, selbst mehr durch Fracking produziertes Gas zu verkaufen, vor allem, da es sich bei diesem Präsidenten um Donald Trump handelte. Nicht, weil ich irgendwelche Illusionen über Putin hatte, im Gegenteil. Wir haben im PEN während der letzten zwanzig Jahre von vielen russischen Dissidenten Berichte über das Leben unter Putin aus erster Hand erhalten. Die erste Writers-in-Exile-Stipendiatin, die ich nach meinem Beitritt zum PEN sprechen hörte, kam aus Grosny, der tschetschenischen Stadt, die von Putin dem Erdboden gleichgemacht wurde. Aber wie sehr die Abhängigkeit von russischen

Rohstoffen die politische Handlungsfähigkeit meines Landes einschränken könnte, das war mir trotzdem in seiner vollen Enormität nicht bewusst. »Welches Wunder könnte diese Glut zum Erlöschen bringen?«, fragst du. Da bin ich so ratlos wie du. Derzeit schlägt gerade ein Offener Brief Wellen, der von mehreren Prominenten an Kanzler Scholz geschrieben wurde, und der fordert, der Ukraine keine ›schweren Waffen‹ zu schicken. (Im Gegensatz dazu hat das deutsche Parlament genau diese Unterstützung mehrheitlich gebilligt.) Die Unterzeichner argumentieren, ein Mangel an Waffen würde eine Lösung durch Verhandlungen fördern. Für mich klingt das wie eine Beschönigung. Putin hat sehr deutlich gemacht, dass er sich an keine Absprachen hält und nur an der kompletten Unterwerfung der Ukraine interessiert ist. Wie sich seine Truppen in den besetzten Gebieten verhalten, ist bekannt. Man kann doch nicht von der Ukraine verlangen, dass sie sich einem Diktator unterwirft, der Massaker und Vergewaltigungen an ihrer Bevölkerung befiehlt. Also sind Waffenlieferungen an die Ukraine in diesem Fall ein Muss.

Ich glaube auch, dass die Sanktionen sinnvoll sind, aber nur, wenn sie langfristig durchgehalten werden, und zwar von so vielen Ländern wie möglich. Allerdings habe ich keine großen Hoffnungen, dass dies zu einem Sturz Putins oder gar einer Demokratisierung Russlands führen könnte. Doch ein Staat, der pleite ist, und bereits einen beträchtlichen Teil seiner Waffen in einem Krieg verloren hat, marschiert in keine weiteren Länder mehr ein. Zumindest den Nachbarländern der Russischen Föderation wäre somit schon geholfen.

Von der Diskriminierung und schlechten Behandlung afrikanischer Flüchtlinge im März habe ich auch gelesen. So etwas ist in einer fürchterlichen Situation noch ein zusätzlicher Stich ins Herz, da hast du völlig recht. Ich will nicht versuchen, das zu entschuldigen oder zu relativieren. Oder es zu ignorieren – das Wegschauen, wenn Schlechtes nicht von Schurken begangen wird, ist oft eine Versuchung, deswegen ist es wichtig, genau das nicht zu tun.

Du erwähnst China. Vor Jahren bin ich durch die Mongolei gereist, um für meinen Roman *Manduchai* zu recherchieren. Die heutige Mongolei ist ein armes Land, obwohl sie tatsächlich Bodenschätze besitzt, seltene Erden, wie sie unter anderem für die Fertigung von Computern benötigt werden. Doch 47 Prozent dieser Bodenschätze gehören ausländischen Firmen. China hat dabei den Löwenanteil, doch auch russische und westeuropäische Länder sind beteiligt. Seit den 1920ern und bis Anfang der 1990er Jahre war die Mongolei ein sowjetischer Satellitenstaat – sehr viel aus dieser Zeit – das russische Schulsystem, die kyrillische Schrift – ist immer noch vorhanden. Aber die Mongolen, mit denen ich mich unterhielt, machten sich in erster Linie Chinas wegen Sorgen. Mehrere von ihnen prophezeiten, dass China irgendwann mit der Mongolei das Gleiche tun würde wie mit Tibet – unter einem historischen Vorwand einmarschieren, das Land übernehmen, eine Menge Han-Chinesen in die Mongolei umsiedeln und die mongolische Kultur nur noch als Touristenaufhänger zu gebrauchen, während jegliche Freiheit der Mongolen zerstört wird. Das erschien meinen Gesprächspartnern als realistische Aussicht, denn so war es bereits im Fall der sogenannten ›Inneren Mongolei‹ geschehen, die bereits zu China gehört. (Tibet als erschreckendes Beispiel ist für die Mongolen auch deswegen so gegenwärtig, weil die meisten von ihnen der tibetischen Richtung des Buddhismus anhängen, und somit der Dalai Lama ihr religiöses Oberhaupt ist. Jedes Mal, wenn er die Mongolei besucht, legt China aus Protest die transsibirische Eisenbahn, die Moskau mit Peking verbindet und somit durch die Mongolei läuft, für drei Tage lahm.)

Um fair zu bleiben: Andere Mongolen, mit denen ich redete, hatten durchaus auch Positives in Sachen China zu sagen. Als Mongole konnte man vor der Pandemie nach China fahren und dort umsonst das chinesische Gesundheitssystem nutzen. Und die einzig funktionierende Autobahn der Mongolei wurde von Chinesen gebaut. Das ist eine positivere Art von Propaganda, als mit den Waffen zu drohen, und vielleicht lässt es China auch dabei, sich auf diese Weise Einfluss zu kaufen, ohne tatsächlich einzumarschieren. Ich wünsche es den Mongolen. Aber wer weiß?

Um von schöneren Zukunftsaussichten zu reden: Wenn es im nächsten Winter wieder schneien sollte, dann werde ich meine eingerosteten Schneemann-Kenntnisse wieder aufmöbeln und mit dir zusammen einen bauen, was hältst du davon? Am Tegernsee, da gibt es meistens mehr Schnee als in München, und außerdem weiß ich, dass dir die Landschaft dort gefällt.

Ein Kind, das von der Gemeinschaft, nicht nur den eigenen Eltern, mitversorgt, aber auch diszipliniert wird, stelle ich mir vor, funktioniert nur, wenn die Gemeinschaft relativ klein und überschaubar, die Familien hingegen groß und zahlreich sind. In einer anonymen Großstadt, gleich auf welchem Kontinent, kann ich mir das kaum vorstellen. Wobei: Das Prinzip Schule basiert ja auch darauf, dass die Eltern den Lehrern das Recht übertragen, ihren Kindern nicht nur Wissen zu vermitteln, sondern sie auch, falls nötig, zu disziplinieren. Und es ist erst wenige Jahrzehnte her, dass diese Disziplinierung in Deutschland auch eine körperliche sein durfte. Meine Eltern wurden in der Schule noch gelegentlich auf die Hände geschlagen. In meiner Generation dagegen war das bereits undenkbar. (Wenn man heute von »Gewalt in der Schule« spricht, dann sind in der Regel gewalttätige Schüler gemeint.)

Wenn du über eure Bräuche schreibst, »Kleider vor der Geburt eines Babys zu kaufen, wurde früher auch als Tabu angesehen«, erinnert mich das übrigens auch an die Mongolen, bei denen Kinder ihren endgültigen Namen erst mit etwa zweieinhalb, drei Jahren erhalten, also, wenn sicher ist, dass sie nicht schon als Säuglinge und im Kleinkindalter sterben. Vorher werden sie mit Kosenamen wie »Fellchen« oder »Krümelchen« angeredet. Wenn die Kinder ihren endgültigen Namen erhalten, wird gleichzeitig erstmals das Haar geschnitten. Außerdem ist es eine Feier für die Familie und die Freunde der Eltern, die Namensvorschläge auf einen Zettel schreiben. Aus der Ansammlung von Zetteln, die dabei zusammenkommen, ziehen die Eltern dann den endgültigen Namen ihres Kindes.

In Deutschland kommen zwar viel weniger Kinder zur Welt, als in afrikanischen Ländern, aber als Frau wirst du trotzdem hin und wieder merkwürdig angeschaut, wenn du keine hast. Jedenfalls ist die Frage »Haben Sie Kinder?« eine, die mir regelmäßig von neuen Bekannten als dritte oder vierte gestellt wird, und ich glaube, das passiert Männern nicht. Vor Jahren machte ich einmal den Fehler, einem Reporter, der einen Artikel über kinderlose berufstätige Frauen schreiben wollte, das gewünschte Interview zu dem Thema zu geben. Das hatte den unglücklichen Nacheffekt, dass ich noch fünf, sechs Jahre später, wann immer andere Journalisten über das Thema Kinderlosigkeit schreiben wollten, solche Anfragen erhielt.

Meine Standardantwort war und ist übrigens, dass ich mich auf sozialer Ebene für die nächsten Generationen einsetze. Aber in den letzten paar Jahren ist noch ein weiterer Aspekt hinzugekommen. Wenn ich mir unsere Welt gerade anschaue, die auf so vielfache Weise in Flammen steht – von Klimaveränderung über brutale Diktatoren und skrupellose Demagogen in Demokratien, die gerne Diktatoren wären und darauf hinarbeiten, es zu werden – dann weiß ich nicht, ob ich den Mut hätte, selbst ein Kind in eine solche Welt hineinzubringen. Ich muss dieser Tage oft an eine meiner beiden Großmütter denken, die Mutter meines Vaters, der im September 1945 zur Welt kam. Wie sie sich wohl gefühlt haben muss, schwanger, in einer Diktatur, die bis zu ihrem Ende noch tötete, im Krieg, ohne zu wissen, ob ihr Mann überhaupt noch am Leben war?

Gleichzeitig ist das meiste von dem, was ich tue, letztendlich auch Ausdruck der Überzeugung, dass es eine (nicht katastrophale) Zukunft für uns alle geben wird. Ich schreibe Bücher, die, wie ich hoffe, gelesen werden, nicht nur ein, zwei Jahre lang, sondern noch, wenn ich tot bin. Ich versuche durch meinen Verein *Brot und Bücher* Kindern überall in der Welt zu helfen. Ich versuche, weiter zu lernen, von den Menschen, die das Leben mir zuführt – zu diesen gehörst auch du. Das sind meine kleinen Bausteine für eine lebenswerte Zukunft.

Was du über die Inhalte deines Buches schreibst, lässt mich hoffen, dass ich es lesen werde – erscheint es auch in Englisch, oder gar Deutsch? Wenn du diese Geschichten erzählst, sorgst du dafür, dass die Menschen, denen all diese Grausamkeiten geschehen sind, nicht vergessen werden. Gleichzeitig bleiben deine Worte als Anklage gegen diejenigen, die für diese Schicksale verantwortlich sind. Mit dem Schreiben kann man kaum Wichtigeres tun als das.

Der im Februar verstorbene Patriarch der Eritreischen Orthodoxen Kirche klingt nach einem bewundernswerten Mann – und nach dem kompletten Gegenteil des Patriarchen Kyrill, des Oberhaupts der Russisch-Orthodoxen Kirche, der Putin das Wort redet und ihn auch noch anfeuert. Deswegen war das erste, was mir einfiel, als ich deine Frage las – »Wenn du hörst, dass der Oberste Religionsführer auf Befehl eines Diktators 16 Jahre inhaftiert wird, und mit 95 Jahren in Haft stirbt, was kann man dazu sagen?« – Er folgte tatsächlich Jesus nach und beschämt nicht nur Hassprediger wie Kyrill, sondern auch so manchen hochrangigen Kleriker hier in Deutschland, der Missbrauch an Kindern zuließ, dann vertuschte, statt die Opfer zu beschützen und für sie da zu sein.

Was ich damit sagen will: Es ist furchtbar, was dem eritreischen Patriarchen angetan wurde. Gleichzeitig und paradoxerweise führt es mir inmitten von vielen üblen Beispielen klerikalen Machtmissbrauchs in mehreren Kirchen wieder vor Augen, dass es auch Religionsführer gibt, die ihr Amt und Gewissen ganz anders verstehen. Dass wir Menschen zu Abgründen fähig sind, aber eben auch zum Gegenteil.

Danke für deine Antwort auf meine Fragen danach, ob du wissen möchtest, wer dich ausspioniert und angezeigt hast, und was für Konsequenzen du für diese Menschen wünschst. Vor mehr als zehn Jahren war ich in Tansania, kam unter anderem auch durch Arusha und verbrachte zwei Stunden dort in einem der Gerichtssäle, wo im *East African Court of Justice* Verbrechen gegen die Menschlichkeit verhandelt wurden. Bei dem Fall, um den es ging, handelte es sich um einen Offizier, der bei dem Völkermord in Ruanda beteiligt gewesen war. Einige Zeugen sagten aus, und im Gegensatz zu filmischen Darstellungen solcher Prozesse fielen mir die vielen Wiederholungen in ihren Sätzen auf, als versuchten sie, durch das mehrfache Sprechen des gleichen Satzes etwas Halt zu gewinnen. Der Angeklagte saß einfach nur da und rührte sich nicht. Ich bekam nicht mit, wie der Prozess ausging – er zog sich gewiss noch viele Tage hin. Aber ich hoffte, dass die Zeugen so etwas wie Gerechtigkeit dafür erhielten, dass sie ihr Trauma noch einmal bei der Schilderung erleben mussten. Das wünsche ich auch dir.

Per WhatsApp hast du mir erzählt, dass du deinen Bruder in Rotterdam getroffen hast. Wieder mit einem Mitglied deiner Familie zusammen gewesen zu sein, nicht per Telefon, sondern in der Realität, war bestimmt schön für dich. Oder war es eher schwer, weil du dich danach einsam gefühlt hast, als du wieder nach Deutschland zurückgereist bist? Wie lange lebt er schon in Rotterdam, hat er dir etwas von der Stadt zeigen können? In den Niederlanden war ich erst einmal, und damals habe ich nur Amsterdam besucht – Rotterdam kenne ich ganz und gar nicht, das hast du mir jetzt voraus. Hat die Stadt dir gefallen? Ich hoffe, ihr hattet einigermaßen gutes Wetter – bei uns in Bamberg kam zu Ostern noch einmal ein kurzer Schneeeinbruch mitten im April, und ich holte meine schon verstauten Winterstiefel hervor.

Einer der Osterbräuche in meiner Heimatprovinz ist der, Brunnen und manchmal auch Brücken mit bunt bemalten Eiern zu schmücken. Das sieht sehr schön aus, wurde im ersten Jahr der Pandemie allerdings überhaupt nicht und im zweiten nur an ein paar wenigen Orten gemacht. In diesem Jahr waren die Osterbrunnen wieder alle geschmückt. Ich werde dir ein paar Bilder schicken; den Brauch gibt es nur in Franken, nicht im restlichen Deutschland, und erst recht nicht in anderen Ländern, also nehme ich an, dass du solche Brunnen so wenig gesehen hast wie einen Schneemann. Sie sind mit sehr viel Liebe gemacht, und die Eier werden manchmal von Schulklassen und manchmal von Vereinen gemalt. Nach all dem Grau im März und dem erneuten Schneefall kurz vorher kamen mir die Osterbrunnen dieses Jahr wie eine Zuversichtserklärung vor, ein buntes, fröhliches: Trotzdem!

So einen Anblick kann man manchmal gut gebrauchen ....

Bis hoffentlich bald,

Tanja

Liebe Tanja,

wie geht es dir? Ich hoffe, es fällt dir nicht schwer, die gegenwärtige Hitze zu ertragen. Die Sommermonate in Europa sind neu für mich, da ich in Eritrea in einer Stadt aufwuchs, die sehr hoch liegt und dementsprechend sehr kalte Temperaturen hat. Davon habe ich dir schon einmal erzählt. In letzter Zeit war die Hitze dermaßen erschöpfend, dass mein Körper träge war und ich das Gefühl hatte, dass mir nicht nur das Arbeiten, sondern auch zu essen schwerfällt. Ich schreibe dir heute, da das Wetter angenehmer ist als in den letzten Tagen und dein Brief mir auch gute Laune beschert hat.

Gestern war für Eritreer weltweit der Tag des Trauerns und Gedenkens. Der 20. Juni ist ein Tag, an dem für die Befreiung und Unabhängigkeit Eritreas Gefallener sowie zur Verteidigung der Souveränität des Landes ihr Leben geopfert haben. Allerdings sind schon viele Jahre vergangen, seitdem wir diesem Tag nicht mehr mit einem Gefühl der Einigkeit gedenken. Die Zahl derer, die dieses Datums nicht mehr gedenken, weil es von einem Regime bestimmt wurde, das die Vision und das Vermächtnis der Gefallenen verraten hat, nimmt stetig zu. Daher findet an diesem Datum über das Gedenken hinaus ein Zusammenstoß von Meinungsverschiedenheiten statt.

An die Gefallenen muss erinnert werden, auch wenn sich das Land in einer katastrophalen Lage befindet, sagen die einen. Die anderen argumentieren dagegen, dass die Erinnerung an die Gefallenen eine Farce sei, wenn die aktuelle Situation des Landes und der Menschen in Eritrea außer Acht gelassen wird. Dem stimmen immer mehr Menschen zu.

Seit 2001 ist der 20. Juni international als ›Weltflüchtlingstag‹ bekannt. Was Flucht und Vertreibung angeht, sind Eritreer in besonderem Maße betroffen. Das Motto des Weltflüchtlingstags dieses Jahr lautete: »Whoever. Wherever. Whenever. Everyone has the right to seek safety.« (Wer auch immer. Wo auch immer. Wann auch immer. Jeder hat das Recht, Schutz zu suchen. .). An dieser Stelle fällt mir direkt Großbritannien ein, das seit letztem April eifrig daraufhin arbeitet, Flüchtlinge, die nach der offiziellen Verlautbarung ›illegal über gefährliche Routen eingereist sind‹, nach Ruanda abzuschieben. Wahrscheinlich wiederhole ich, was du schon weißt: Mit dem Abschluss dieses Abkommens erhält Ruanda hunderte von Millionen Pfund.

Trotz verspäteter Intervention des Europäischen Gerichtshofs für Menschenrechte (EGMR) konnte letzte Woche das Flugzeug mit den ersten Asylsuchenden kurz vor dem Abflug gestoppt werden. Zumindest wurde es vorerst verhindert. Ich hoffe, dass keine anderen Instanzen beziehungsweise Entscheidungen auftauchen, die das Urteil des Europäischen Gerichtshofs aufheben.

Ich freue mich, wenn ich dir ein Anlass sein darf, nach vielen Jahren wieder einen Schneemann zu bauen. Deine Einladung nehme ich mit Freude an. Mögen wir Menschen des Augenblicks sein! (Das ist ein herkömmlicher Ausdruck im Hochland von Eritrea und drückt den Wunsch aus, bis dahin möge Frieden und Gesundheit mit uns sein.)

Nächste Woche reise ich nach Berlin zu einer Veranstaltung, die von *Weiterschreiben* (einer literarischen Plattform für Autorinnen und Autoren aus Kriegs- und Krisengebieten) organisiert wurde und in der Nationalgalerie stattfindet. *Weiterschreiben* hat mir nicht nur Chancen für Lesungen und Auftritte eröffnet, sondern auch die Möglichkeit gegeben, den Schriftsteller Fridolin Schley als Freund zu gewinnen. Kennst du Fridolin? Er kennt dich auf jeden Fall. Anfang dieses Monats hat er den Tukan-Preis in München erhalten. Dort traf ich auch nach ein paar Jahren Franziska Sperr und ihren Ehemann wieder. Darüber habe ich mich sehr gefreut.

Nachdem wir wegen meiner Reisen unseren Plan, uns wieder zu sehen, verschieben mussten, hoffe ich, dass wir uns vor meiner Berlinreise treffen. Wie du mir erzählt hast, bist du noch bis

Anfang Juli in München, daher hoffe ich, dass wir es trotzdem hinbekommen.

Meine Reise nach Rotterdam verlief gut. Die Stadt habe ich zum dritten Mal besucht. Das erste Mal war ich dort Ende Mai 2019. Ich nahm an der Veranstaltung von *PEN International & ICORN* teil, vor allem aber erhielt ich damals den Preis für Meinungsfreiheit von *PEN Eritrea*. Das zweite Mal fuhr ich im Februar 2020 (vor dem Corona-Lockdown) dorthin, um einerseits meinen damals neuen und ersten Gedichtband vorzustellen und andererseits meinen Bruder zu besuchen. Ich blieb zwei Wochen dort, kann jedoch nicht behaupten, die Stadt richtig kennengelernt zu haben.

Meine erste Auslandsreise nach Corona war wieder Rotterdam. Ich wollte unbedingt die neue Familie meines Bruders, vor allem aber den Nachwuchs, meinen Neffen, kennenlernen. Sein Kind feierte seinen zweiten Geburtstag. Ich wollte unbedingt dabei sein, um ihm nicht zuletzt möglichst früh beizubringen, mich ›Tante‹ zu nennen. Nach meiner Rückkehr musste ich immer wieder an das liebenswürdige Kind denken. Wir haben uns so gut aneinander gewöhnt, dass ich ihn sehr vermisse. Bei meiner Rückreise war ich mir sicher, dass ich sie schnell wieder besuchen würde.

Mein Bruder Fitsum, der in Rotterdam lebt, ist der Zweitjüngste in meiner Familie. Nach meiner Verhaftung kam seine Gefangennahme und Verschleppung während seiner Flucht über Libyen nach Europa, was meine Familie als die schwierigste Prüfung durchlebt hat. Ende 2015 erst konnte ich selbst erleben, welches Leid über meine Familie aufgrund meiner Verhaftung hereinbrach. Hinzu kam die Angst davor, das eigene Kind irgendwo in der Wüste oder im Meer zu verlieren. Stell dir vor, du siehst und hörst, wie in deiner Nachbarschaft und Stadt Familien eine Todesnachricht nach der anderen bekommen und von zahlreichen Trauergästen betrauert werden. Voller Angst und Bange fragst du dich jeden Tag, wann du an der Reihe bist.

Das war besonders schwer zu ertragen. Das alles ist mittlerweile Geschichte, aus ihm ist ein begabter Elektriker geworden, der für eine Firma arbeitet. Niederländischer Staatsbürger ist er auch schon.

Kürzlich erhielt ich einen Besuch von einem Bekannten aus Belgien, Yoel Kiros, der zu den bekannten eritreischen YouTubern zählt. Wir gingen in ein eritreisches Restaurant und aßen dort Mittag. Zufällig war es ein Tag, an dem die Niederländer den Geburtstag ihres Königs feierten. Wir, die den Frieden ihres Landes erst nach dem Tod und Sturz ihres Herrschers erwarten, befanden uns inmitten von fröhlichen Niederländern, die den Geburtstag ihres Königs feierten. Dabei unterhielten wir uns darüber, welche Themen wohl andere Eritreer in anderen Teilen der Niederlande gerade beschäftigen. Welche Welten die Bürger der Niederlande von denen Eritreas unterscheiden! Wann wird der Tag kommen, an dem wir, statt den Geburtstag unseres Herrschers zu verfluchen, den Geburtstag eines Königs feiern können? Wir hatten Sehnsucht danach, und verspürten zugleich Neid.

Deine Zeilen zu den gesellschaftlichen Vorstellungen und Erwartungen in Bezug auf Frauen und Kinder konnte und wollte ich nicht einfach übergehen. Du schreibst, wie subtil die Gesellschaft Druck auf Frauen ausübt, wenn sie keine Kinder haben wollen. Dem kann ich nur zustimmen. Ich möchte ein paar Beispiele aufzählen. Ich glaube, eine Vorstellung davon zu haben, was dich dazu bewegt haben könnte, Interviews gegeben zu haben.

Wenn wir die eritreische Gesellschaft betrachten, wird nicht nur ein subtiler, sondern auch ein offener und permanenter Druck ausgeübt. Unabhängig von dem, was du im Leben erreicht haben magst, bekommst du es frei heraus zu spüren, dass dir noch etwas fehlt.

Nicht nur die Eltern, sogar deine Freunde und Bekannte spüren das Bedürfnis, dich bei jeder Begegnung daran erinnern zu müssen. Sogar Menschen, die mich nur aus den Medien kennen, rufen mich an oder schreiben mir: »Wir wünschen dir Kinder.« Ich verstehe ihre gut gemeinten Wünsche und dass sie es in meinem Interesse meinen. Andererseits lösen solche Bemerkungen sonderbare Gefühle bei mir aus.

Um die Wahrheit zu sagen, gibt es mindestens zwei Gründe, weshalb ich gerne Kinder haben möchte. Meine Mutter wünscht sich nichts sehnlicher, als meinen Nachwuchs zu sehen. Des Weiteren die grausame Tortur gegenüber Frauen, die ich in den Gefängnissen Eritreas gesehen und selbst erlebt habe. Als ich damals dem Gefängnisleiter sagte, sie würden mir meine Jugend und Gesundheit rauben, antwortete er. »Was macht es schon, dass du eine Frau bist? Du denkst doch nicht etwa an eine Familie, Kinder oder Ähnliches? An so was brauchst du gar nicht zu denken. Du wirst hier alt werden.« Ich möchte es gerne erleben, dass seine Prophezeiung in meinem Leben keinen Platz hat. Andere Gründe – wie etwa eigenen Nachwuchs zu haben, um der Familie ein Erbe zu hinterlassen – haben bei mir keine große Bedeutung. Möglicherweise ist diese Anschauung relativ neu. In jedem Falle sind meine Motive heute die oben genannten Gründe.

Du erinnerst dich sicher, dass ich von meiner geplanten Reise in die USA erzählt hatte. Ich nehme an, dass du über meine Reise mehr erfahren möchtest. Die Reise in die USA war für mich das erste Mal und die Chance ergab sich früher, als ich dachte. Als *ERISAT*, das erste eritreische Satellitenfernsehen aus der Diaspora, mich zum Symposium einlud, um über Pressefreiheit in Eritrea und meine Erfahrungen vorzutragen, befand ich mich in Rotterdam. Als ich zusagte, ging ich davon aus, dass es sich um eine Online-Veranstaltung handeln würde. Erst als die Vorsitzende des Senders, Dr. Saba Tesfayohannes, mir schrieb, dass wir über die Reise sprechen sollten, begann ich über die Reise nachzudenken und Vorbereitungen zu treffen.

Vielleicht ist dir auf dem Flyer, den ich dir gesendet habe, aufgefallen, dass der erste Redner an dem Tag Steven C. Walker war, ›Chargé d'Affaires‹ der US-amerikanischen Botschaft in Asmara. Auf ihn werde ich später noch zurückkommen. Als zweites kam ich dran. Anschließend sprach Dan Connell, Autor, Forscher, Fotograf und Dozent. Dan Connell dürfte unter den Ausländern derjenige sein, der am längsten und am meisten über Eritrea geforscht und geschrieben hat. Es wird geschätzt, dass er sich seit über 40 Jahren mit Eritrea beschäftigt hat. Er war einst ein Freund und Unterstützer des herrschenden Systems. Dan Connell kennt sowohl diejenigen, die an der Macht sind, als auch deren Mitstreiter, die seit 21 Jahren in Haft sitzen. Seine Verbindung zu ihnen geht weit in die Zeiten des Unabhängigkeitskampfs zurück. Mit denen, die seit 2001 in Haft sitzen, führte er Interviews und brachte damit viele Geheimnisse ans Tageslicht, die der Bevölkerung verborgen waren. Wenn möglich, versuche das Buch *Conversations with Eritrean Political Prisoners* zu bekommen.

Er verdient meinen Respekt und meine Anerkennung, da seine Haltung dem eritreischen Unabhängigkeitskampf gegenüber unverändert geblieben ist und er weiterhin den Kampf der Eritreer für Freiheit unterstützt. Neben solch großen Persönlichkeiten als Ehrengast eingeladen zu werden, erachte ich für mich als verfrüht; auch wenn es nicht das erste Mal war, dass ich zusammen mit Dan Connell eingeladen wurde.

Der vierte unter den Rednern war jemand aus meiner Generation, Zekarias Kebraeb, der in seiner Jugend wie ich für private Zeitungen schrieb, die seit 2001 weiterhin verboten sind. Im Gegensatz zu mir hat Zekarias das Land rechtzeitig verlassen, so konnte er dem Zwang, im Militär dienen zu müssen und Sklavenarbeit zu verrichten, entfliehen. Über den gefährlichen Weg durch die Sahara und das Mittelmeer gelangte er nach Deutschland. In der eritreischen Community ist er hauptsächlich durch seinen YouTube-Kanal *Mestyat Betna* und in der deutschen Öffentlichkeit durch sein Buch *Hoffnung im Herzen, Freiheit im Sinn* bekannt, welches in den Medien gute Resonanz fand und in viele Sprachen übersetzt wurde. Wir haben dort alle gemeinsam eine gute Zeit verbracht, als hätten wir uns nicht zum ersten Mal getroffen.

Das Symposium kann ich als Erfolg verbuchen. Ich begegnete vielen Leuten, die ich nur aus den Sozialen Medien kannte und deren Haltung und politische Standpunkte ich hoch schätze. Getroffen habe ich auch Bekannte von mir, die ich seit Jahrzehnten nicht mehr gesehen hatte. Der Aufenthalt war kurz, trotzdem verbrachte ich eine erquickliche Zeit. Da ich bis eine Woche vor meiner Abreise in die USA keine Antwort auf mein Visumsgesuch erhalten hatte, konnte ich weder meine Termine und Pläne hier regeln, noch Pläne in den USA machen, weshalb ich letztlich schnell nach Deutschland zurückfliegen musste. Ich konnte lediglich die Orte besuchen, die als DMV bezeichnet werden und aneinandergrenzen: Washington, D.C., Maryland und Virginia. (Dies als Besuch zu bezeichnen, wäre jedoch etwas übertrieben, es war eher ein kurzes Betreten.)

Was mir in den wenigen Tagen meines Aufenthalts aufgefallen ist, ist, dass ich kaum öffentliche Verkehrsmittel gesehen und benutzt habe. Das eigene Auto ist das am meisten benutzte Verkehrsmittel, glaube ich. Weiter fiel mir auf, dass viele Sachen einfach größer und die Mengen viel mehr sind. Bei den Familien, bei denen ich zum Mittag- oder Abendessen eingeladen war, habe ich beobachtet, dass sie über mehr Zimmer und Einrichtungen verfügten, als sie für die Familienmitglieder und Gäste brauchten. Dort ist es auch gut möglich, dass sie einen Esslöffel zum Umrühren benutzen. (Eine kleine Übertreibung von mir an dieser Stelle.)

Bei Bestellungen in Restaurants habe ich ebenfalls ähnliches beobachtet. Ich war in Habesha- (äthiopischen beziehungsweise eritreischen) und in italienischen Restaurants. Apropos Essen: Die Teilnehmer des 85. Kongress von *PEN International*, der vom 30. September bis 3. Oktober 2019 in Manila (Philippinen) stattfand, unter anderem Regula Venske, Leander Sukov und Ralf Nestmeyer von *PEN Deutschland*, können dir bestimmt ähnliches erzählen, nur andersherum. Warum, weiß ich nicht, jedenfalls war alles dort sehr klein portioniert. Hätte ich bei meinen Besuchen nicht etwas anderes erlebt, wäre mir das wahrscheinlich kaum aufgefallen. In Manila handelte es sich immerhin um einen internationalen Kongress. Folglich kann ich mir nicht vorstellen, dass es eine Frage des Budgets war.

Nun komme ich zu einem besonderen Punkt, den ich vorhin zurückgestellt habe. Es geht um die Teilnahme von Steven C. Walker, ›Chargé d'Affaires‹ der US-Botschaft in Asmara, der direkt aus Asmara zugeschaltet war. Was er im Rahmen des Symposiums sagte, konnte nur er von Asmara aus sagen. Niemand in Asmara hat es in den letzten 21 Jahren gewagt, die Namen der verschleppten und eingekerkerten Journalisten und Schriftsteller laut auszusprechen. Eine solche Stimme direkt aus Asmara zu hören, wonach wir uns Jahrzehnte lang sehnten, war emotional ergreifend und zugleich empowernd.

Ich erzähle dir mal, was mich wirklich nachdenklich stimmt, ja? Viele Eritreer, die bislang laut behaupteten, dass sie für einen gerechten Wandel in Eritrea kämpfen, waren tatsächlich der Ansicht, dass der amerikanische Diplomat des Landes verwiesen werden sollte. Sie störten sich daran, dass er bei einem regimekritischen eritreischen Fernsehsender aufgetreten war und warfen ihm zudem eine angeblich geheime Agenda vor. Einige der Kritiker haben in dem Land Schutz und Asyl erhalten, aus dem der Diplomat kommt – nämlich in den USA. Diese Paradoxie zusammenzudenken, fällt mir ziemlich schwer.

Mit dem, was am Ende des Symposiums geschah, möchte ich meinen Bericht über die Amerikareise abrunden. Über ihn habe ich dir mal in einem meiner Briefe geschrieben. Er gehörte zu den couragierten und bekanntesten Persönlichkeiten, die sich für die Pressefreiheit in Eritrea engagierten; er war Chefredakteur einer der verbotenen privaten Zeitungen, dem 2001 glücklicherweise die Flucht vor der Verschleppung gelang. Milkias Mehreteab, der aus der Diaspora in den letzten 20 Jahren in unterschiedlichen Positionen und Funktionen für die Pressefreiheit weiterkämpfte, starb letztes Jahr in den Vereinigten Staaten. Als Andenken an ihn rief das Satellitenfernsehen *ERISAT* den *Independent Journalism and Courage Award* ins Leben. Tedros Abraham, Verleger des in Schweden ansässigen Verlags *Emkulu Publisher*, der meine beiden Bücher herausgab, und ich erhielten gemeinsam den Preis. Das war natürlich eine große Ehre für mich, denn ich bewunderte Milkias' Einsatz und Courage. Ob ich darüber glücklich war, kann ich dir wirklich nicht sagen. Denn es ist kein Preis, den ich nach einer erbrachten großen Leistung erhielt, sondern vielmehr eine schwere Verantwortung, die mir übertragen wurde. Es fühlt sich wie ein schönes Gewand an, welches dir zu groß ist. Du möchtest es tragen, aber es ist nicht in deiner Größe.

Dein Interesse über mein zweites Buch mit den Erzählungen aus dem Gefängnis freut mich besonders. Letzten Mai musste ich wegen meiner USA-Reise für eine Befragung samt meinen Dokumenten nach Frankfurt. (Eigentlich war ich davon ausgegangen, dass es auch in München ginge.) So nutzte ich die Gelegenheit, zum ersten Mal das Büro von *PEN Deutschland* in Darmstadt zu besuchen. Im Büro hinterließ ich ein paar Exemplare meines Buches. (Nachdem ich zuletzt zwei weitere Geschichten hinzugefügt hatte, wurde das Buch nun mit 33 Geschichten veröffentlicht.) In Darmstadt trafen wir uns zufällig auch mit Leander Sukov. Es klang, als ob es eine Möglichkeit geben könnte, einige der Geschichten ins Deutsche zu übersetzen. Ich hoffe, das lässt sich in absehbarer Zeit umsetzen.

Nicht selten werde ich bei Veranstaltungen mit deutschen Teilnehmern gefragt, auf welchem Weg meine Schriften auf Deutsch zu finden sind. Oft gab ich den Hinweis auf unser gemeinsames Buch, das in naher Zukunft gelesen werden könnte.

Ich wiederhole gerne, wie wichtig es mir ist, dass du es weißt: Es ist ein großes Privileg für mich, mit dir zu korrespondieren, und dass daraus am Ende eine gemeinsame Publikation entsteht.

In der Annahme, dass wir bereits viele Briefe geschrieben haben und diese vielleicht bilingual (auf Deutsch und Tigrinya) erscheinen würden, ging ich davon aus, dass dieser Brief der letzte sein könnte. Heute erfuhr ich von Isabella Stadler aus dem PEN-Büro, dass uns noch zwei Briefe fehlen.

Damit verabschiede ich mich und freue mich schon auf unser Wiedersehen in den kommenden Tagen.

Mit den besten Wünschen und herzlichen Grüßen,

deine Yirgalem

9

Liebe Yirgalem,

in den letzten Jahren bin ich dazu übergegangen, im Hochsommer möglichst nicht in München zu sein, schon, weil sich meine Wohnung dort direkt unter dem Dach befindet, und ja, es ist sehr schwer, sich in dieser Hitze zu konzentrieren und zu arbeiten, was ich tun muss. Unser gemeinsames Frühstück an einem der erträglicheren Sommertage war da eine schöne Ausnahme. Gleichzeitig ist mir bewusst, was für ein Glück ich habe, eine Wahl zwischen Aufenthaltsorten treffen zu können, statt irgendwo eingepfercht in einem Lager zu sein. Wie ich dir erzählt habe, unterstützen meine Eltern, ein paar Freunde und ich über unseren Verein *Brot und Bücher* auch Flüchtlinge in Lesbos, und jedes Mal, wenn ich an die Bedingungen dort denke, schäme ich mich etwas mehr darüber, wie gut es mir im Vergleich geht.

Was du über den Deal der englischen Regierung mit Ruanda schreibst, erinnert mich daran, dass seit unserer letzten Begegnung der unsägliche britische Premierminister gestürzt wurde – aber leider nicht wegen seiner Flüchtlingspolitik, im Gegenteil: Die beiden Politiker, die sich um seine Nachfolge bewerben, überbieten sich geradezu darin, zu versichern, sie würden an dem Ruanda-Deal festhalten, auch wenn ihn der Europäische Gerichtshof vorerst gestoppt hat. Allerdings haben wir in Deutschland keinen Anlass, uns für besser zu halten, wenn man sich anschaut, wie mit den Flüchtlingen umgegangen wird, die über das Mittelmeer fliehen. Für sie gilt es noch als eine der ›besseren‹ Optionen, in die Türkei geschickt zu werden, mit der die EU einen Deal hat – einem Land, das jeden Tag autokratischer wird.

Ich will nicht behaupten, dass ich die ideale Lösung weiß, oder dass es nicht auch eine Menge Leute in der Politik gibt, die ernsthaft versuchen, zu helfen. Zu Politikern zählen eben nicht nur die Boris Johnsons dieser Welt, sondern eben auch die Leute in lokalen Stadtverwaltungen, die sich die Nächte um die Ohren schlagen, um noch einige Leute mehr bei sich unterzubringen. Aber es macht mir schon Angst, dass man derzeit überall in der Welt Stimmen damit gewinnen kann, Flüchtlingen NICHT zu helfen, sondern sie im Gegenteil zu dämonisieren.

Du schreibst von den verschiedenen Arten, in denen Eritreer den 20. Juni als ›Tag der Trauer und des Gedenkens‹ begehen, oder nicht begehen, weil er und die Toten des Befreiungskampfes von dem Regime instrumentalisiert werden. Das erinnert mich natürlich sofort daran, wie Putin die Erinnerung an den Zweiten Weltkrieg in Russland zu Propagandashows und Stärkung seiner Expansionsgelüste umfunktioniert hat, und derzeit auf groteske Weise sogar für seinen Angriffskrieg gegen die Ukraine benutzt. Vor Jahren las ich Svetlana Alexijewitschs Buch *Der Krieg hat kein weibliches Gesicht*, in dem sie – zu einem Zeitpunkt, als die Sowjetunion noch existierte – die überlebenden Frauen des Zweiten Weltkriegs interviewte. Wenn du das Buch auf Englisch übersetzt findest, kann ich es dir empfehlen, es ist ungeheuer eindrücklich. (Das gilt auch für ihre späteren Bücher, zum Beispiel das über Tschernobyl, oder *Zinkjungen*, über die russischen Soldaten in Afghanistan und ihre Familien.) Die Stimmen dieser Frauen zu sammeln, die erzählen, wie sie das Grauen des Zweiten Weltkriegs erlebt haben, wie das Svetlana Alexijewitsch getan hat, das ist eine Art, der Lebenden und der Toten zu gedenken, die ohne jede Propaganda ist. Und vor allem nicht fortschaut vom heutigen Unrecht. Nach dem, was du erzählst, hat die eritreische Regierung mit solchen Feiern ja vor allem im Sinn, von den heutigen Katastrophen abzulenken und Kritik an sich als ›unpatriotisch‹ zu unterdrücken.

Svetlana Alexijewitsch habe ich übrigens vor ein paar Jahren persönlich kennengelernt, als sie beim Bamberger Literaturfestival auftrat. Damals sagte sie, die aus Belarus stammt, sie glaube nicht, dass Russland oder Belarus zu Lebzeiten ihrer jeweiligen Diktatoren auf Demokratisierung hoffen könnten ... aber aufgeben wolle sie deswegen nicht, und immerhin: Selbst ein Putin und ein Lukashenko seien sterblich. Damals ist sie trotz der Gefahr, in der sie schon schwebte, nach Belarus zurückgekehrt. Heute, nach den ›Säuberungswellen‹ der letzten Jahre, hat sie das Land verlassen und lebt im Exil. Angesichts ihres Alters bedeutet das für sie wohl de facto, dass sie ihre Heimat nie mehr wiedersehen wird, wenn nicht Lukashenko innerhalb der nächsten paar Jahre gestürzt wird oder tot umkippt, was unwahrscheinlich ist.

Nun beschäftige ich mich von Berufs wegen viel mit Geschichte, und auch damit, wie Geschichte entweder bewusst ausgelöscht oder verbogen oder nur auf eine bestimmte Weise vermittelt wird, um bestimmte Dinge in der Gegenwart zu erklären und zu rechtfertigen. Und das tue ich schon seit meiner Kindheit. Aber während der ersten beiden Jahrzehnte meines Lebens hätte ich trotzdem nie erwartet, dass sich während der nächsten dreißig so viele gegensätzliche Entwicklungen ereignen – mit 20 hätte ich weder positive Entwicklungen wie das Ende des Eisernen Vorhangs noch negative wie Trump als amerikanischen Präsidenten oder eine rechtsextreme Partei wie die AFD im Parlament für möglich gehalten.

Fridolin Schley kenne ich in der Tat, und sein Buch *Die Verteidigung* steht auf meiner Leseliste, ich bin schon sehr gespannt darauf. Da hast du einen guten schriftstellerischen Freund gefunden. Da du Franziska Sperr erwähnst: Ich werde nie vergessen, wie sie trotz Hirntumoroperation weiter als Writers-in-Exile-Beauftragte arbeitete, damals, als ich als Beirätin Teil des PEN-Präsidiums war. Sie bleibt für mich eine der mutigsten und engagiertesten Persönlichkeiten, die ich kenne.

Von Holland kennst du nun mehr als ich, da ich Rotterdam noch nie besucht habe, und Amsterdam leider nur ganz kurz. Es freut mich, dass dein Bruder und seine Familie dort eine neue Heimat gefunden haben. Wie heißt denn der Neffe, der dich jetzt Tante nennt? Und wissen eure Eltern, dass es Fitsum und dir gut geht?

Mein Bruder hieß Klaus. Er ist gestorben, als er sechzehn und ich einundzwanzig war, und das ist eine Wunde, die nie verheilen wird. Doch meine Eltern und ich haben lernen müssen, mit ihr zu leben. Ein wenig kann ich also nachvollziehen, wie schlimm es für deine Familie und dich gewesen sein muss, um Fitsum zu bangen. Jetzt sind du und er ja in der umgekehrten Position – ihr beide führt ein sicheres Leben, und müsst Angst um eure Familie in Eritrea haben. Ich wünsche dir von Herzen, dass du eines Tages mit all deinen Familienangehörigen vereint bist, ohne dass auch nur einer von euch mehr bedroht wird.

Danke für den Bericht über deine Amerika-Reise. Ich selbst werde im September in Los Angeles sein, wegen einer Tagung über Lion Feuchtwanger, und das wird dann die erste Amerika-Reise seit vielen Jahren für mich, nicht nur der Pandemie wegen. Während der Trump-Zeit wollte ich dort nicht hin. Die USA vereinigen so viele Paradoxe in sich. Zum ersten Mal war ich dort im Rahmen eines Schüleraustauschs als Vierzehnjährige, in den 1980er Jahren. Damals stand gerade Reagans Wiederwahl an, der Wahlkampf tobte, und meine Gastfamilie waren stramme Republikaner. Ich dagegen hatte mit 14 zwar noch nicht viele eigene politische Ansichten, aber der amerikanische Hyperpatriotismus, all die Flaggen überall, die Überzeugung »God's own country« zu sein, das war ein ziemlicher Kulturschock. Dazu kam, dass meine Gastmutter gelegentlich mit der größten Selbstverständlichkeit rassistische Bemerkungen machte. Gleichzeitig waren meine Gasteltern mir gegenüber großzügig, freundlich, ja, liebevoll.

Im Großen und Kleinen wiederholten sich diese Erlebnisse bei späteren Amerika-Reisen – ich habe persönlich von Amerikanern viel Gutes erfahren, und beileibe nicht nur von solchen, die ähnliche Ansichten wie ich haben. Gleichzeitig wurde der Rechtsruck immer gewaltiger, und mit ihm die Verteufelung aller anderen. Als meine Gastmutter von damals während der Obama-Jahre Facebook-Posts machte, in denen sie Obama übelst beschimpfte, war ich bestürzt, aber nicht wirklich überrascht. Dass mittlerweile die republikanische Partei zu einer reinen Trump-Kult-Organisation verkommen ist und de facto etwa 70 Millionen (hochbewaffnete) Amerikaner also einen Mann unterstützen, der versucht hat, einen Staatsstreich durchzuführen, und von Demokratie nichts hält, macht mir eine Heidenangst, und lässt mich wirklich einen zweiten amerikanischen Bürgerkrieg befürchten. Um von den Konsequenzen für den Rest der Welt ganz zu schweigen. Was du über die Teilnahme des ›Chargé d'Affaires‹ der US-amerikanischen Botschaft an dem Symposion schreibst – dass nur er die Namen der verschleppten Schriftsteller und Journalisten laut aussprechen konnte – unterstreicht das noch. Bei einem Präsidenten Trump (oder einem Nachfolger mit den gleichen Zielen) wären diese Namen ungenannt geblieben.

Als ich seinerzeit Amerika zum ersten Mal besuchte, war ich auch in Washington, D.C., allerdings nur für eine Woche, denn meine Gastfamilie lebte in New York State am Erie-See. Ich weiß noch, wie ehrfurchtgebietend mir damals alles schien. Dass ein vom Präsidenten ermutigter Mob die Stufen des Kapitols emporstürmen könnte, hätte ich nicht mal in einem satirischen Roman geglaubt.

Es macht auch mich nachdenklich, dass viele Eritreer negativ auf die Aktion des amerikanischen Diplomaten reagierten, wie du erzählst. ›Vorauseilende Zensur‹ ist wohl der Begriff, der einem hier einfällt. Oder ist es mehr der Umstand, dass es kein

Eritreer, sondern ein Amerikaner war? Es ist natürlich nur menschlich, unterschiedlich zu reagieren, je nachdem, ob Kritik von einem Angehörigen der gleichen Nation oder von einem Ausländer kommt. Hier nehme ich mich nicht aus. Ich ertappe mich auch hin und wieder, wie ich defensiv werde, wenn ich zum Beispiel in englischsprachigen Zeitungen Kritik an der deutschen Politik hinsichtlich (sehr zögerlicher) Waffenlieferungen an die Ukraine lese, obwohl ich der gleichen Kritik in deutschen Quellen ohne weiteres zustimme. Das ist nicht sehr rational von mir, und ich arbeite daran, aber deswegen bin ich mir bewusst, wie leicht eine so reflexartige Reaktion auf Kritik von außen sein kann.

Zum *Independent Journalism and Courage Award* gratuliere ich dir von Herzen. Dein Bild vom schönen Gewand, das man tragen möchte, das aber zu groß ist, ist eines, das mir lange bleiben wird, obwohl ich glaube, dass dir dieses Gewand völlig zurecht angezogen wurde! Du hast durch deinen Einsatz so oft Leben, Freiheit und Gesundheit riskiert, dass du dir, um bei dem Bild zu bleiben, dieses Gewand selbst gewebt hast. Die Auszeichnung mit einem solchen Preis ist dann nur noch das Nähen und Schneiden des gewebten Stoffes in einer für alle erkennbaren Form.

Für mich war und ist es eine Freude und Ehre, dich durch unser *Writers-in-Exile-Programm* kennengelernt zu haben, und es macht mich glücklich, dass unser Kontakt auch nach Ende deines Stipendiums weitergeht. Weil für mich dieses Programm eine der Herzangelegenheiten des PEN ist, jeder fehlbar und Selbstkritik immer wichtig ist, frage ich dich als jemand, der nun nicht mehr Stipendiatin ist und aus der Rückschau urteilen kann: Hast du dich während deiner Jahre als *Writer-in-Exile* je vernachlässigt oder herablassend behandelt gefühlt? Gibt es etwas, das wir – das heißt der PEN – bei zukünftigen Stipendiaten noch besser machen könnten?

Ich drücke dir auf jeden Fall die Daumen, dass noch weitere deiner Geschichten ins Deutsche übersetzt werden. Vor ein paar Wochen hielt ich die Übersetzung eines Essays von mir über Heinrich Mann ins Spanische in Händen und dachte mir einmal mehr, wie schön es ist, auch außerhalb des eigenen Sprachkreises Leserinnen und Leser zu erreichen. Das ist nur über Übersetzer möglich, die immer noch viel zu wenig gewürdigt werden, und daher möchte ich hiermit anregen, dass wir die Übersetzerinnen unserer Briefe bitten, ein Kurzporträt von sich zu entwerfen, damit zukünftige Briefwechsel-Leser auch sie kennen lernen können. Was meinst du?

Wenn wir uns das nächste Mal sehen, ist der Hochsommer vorbei, und der Herbst beginnt erneut. Ich hoffe sehr, dass nicht Putins Kalkül aufgehen wird und diejenigen sich durchsetzen, für die Gas wichtiger als Menschenleben ist; dass wir höchstens frösteln, wenn es temperaturmäßig kühler wird, und nicht etwa, weil die Menschenrechte den Mächtigen noch weniger wert sein sollten. Eine andere Korrespondentin von mir ist die ukrainische Journalistin und Germanistin Oxana Matiychuk, die für die *Süddeutsche Zeitung* Kolumnen über das Leben im Krieg schreibt, und die ich durch einen Online-Vortrag kennenlernte, den ich für ihre Studenten hielt. Sie war im Frühsommer für kurze Zeit in Deutschland, ehe sie in die Ukraine zurückkehrte, sodass ich sie auch persönlich treffen konnte. Dabei meinte sie, in Deutschland zu sein, fühle sich für sie so an, als sei sie in einem Film – nicht wirklich, nicht real –, und ich wollte dich schon länger fragen, ob es dir auch noch so geht, oder ob die Jahre, seit du Eritrea verlassen hast, hier einen Unterschied machen.

Auf jeden Fall werden wir garantiert beide von Entwicklungen weiter überrascht werden, die in der Wirklichkeit stattfinden und viel unwahrscheinlicher als das sind, was jede Autorin schreiben würde, die einen guten Lektor oder eine gute Lektorin hat. Darüber mit dir zu sprechen und dir darüber zu schreiben, macht diese Realität allerdings ein wenig fassbarer für mich, und so freue ich mich auf den nächsten Brief und das nächste Treffen –

deine Tanja

29. September 2022

Liebe Tanja,

wie geht es dir? Wie findest du den Herbst?

Dank Technologie konnte ich dir rechtzeitig (vorgestern) meinen Glückwunsch zu deinem Geburtstag übermitteln. Da dieser Brief nicht in allzu ferner Zeit folgt, möchte ich dir gerne auch auf diesem Wege nochmal gratulieren: Herzlichen Glückwunsch zum Geburtstag! Schön, dass du geboren bist! Mögen sich alle deine Wünsche und Visionen in den kommenden Jahren erfüllen!

Wir haben Ende September, gemäß dem Geez-Kalender ist das der erste Monat des Jahres; laut der Geez-Zeitrechnung befinden wir uns in der dritten Woche des neuen Jahres 2015. Obgleich Eritrea diese Zeitrechnung seit 31 Jahren offiziell nicht mehr verwendet, ist sie doch aus den Köpfen der Bevölkerung nicht ganz erloschen. Zu dieser Jahreszeit ist das Land mit blühenden Bäumen, Blättern und Blumen bedeckt, frische Maiskolben werden überall verkauft und gegessen und die Schule beginnt wieder. In diesen Tagen herrscht festliche Stimmung, sodass viele meiner Landsleute diese Jahreszeit als Neujahr empfinden.

Den Geez-Neujahrestag 2015 habe ich zufällig im Krankenhaus verbracht. Bitte nicht erschrecken! Mir geht es wieder besser und ich bin auch schon seit einigen Tagen wieder zuhause. Ich schreibe dir, nachdem ich mich etwas ausgeruht habe.

Ist dir schon aufgefallen, wie leicht wir auf Dinge verzichten können, wenn wir nicht mehr über sie verfügen können? Dazu möchte ich dir etwas erzählen ....

Eine ausreichende medizinische Versorgung ist in vielen Regionen dieser Welt weiterhin völlig unvorstellbar. Afrika ist ein gutes Beispiel dafür. Verschiedene Gründe können hierfür genannt werden, aber die Armut könnte als wichtigster Faktor genannt werden. Damit bin ich überhaupt nicht einverstanden. Afrika hat einfach Unglück. Die Menschen auf dem Kontinent haben gar kein Glück. Denn in ihren Ländern wachsen Machthaber auf, die sich von Biestern nicht unterscheiden. Die Tatsache, dass wir kaum Zugang zu medizinischer Versorgung haben, hat starken Einfluss auf unser Verhalten und unsere Kultur ausgeübt, darauf, wie wir mit Krankheit umgehen. Bei Erkrankungen oder anderen gesundheitlichen Schwierigkeiten denken die meisten Menschen in Afrika nicht daran, zum Arzt oder ins Krankenhaus zu gehen. Eine von ihnen bin ich. Da ich solche und ähnliche Denkweisen noch nicht ganz ablegen konnte, spreche ich oft davon, dass »ich immer noch in Eritrea bin.«

Jedenfalls habe ich zwei Wochen im Klinikum rechts der Isar verbracht. Meine Beschwerden waren anfangs leicht, dann verschlechterte sich jedoch mein Zustand, sodass ich zum Schluss große Probleme mit dem Schlucken und Atmen bekam. Im Krankenhaus erhielt ich die Diagnose Tuberkulose – eine Variante, die nicht ansteckend ist. Ich war in einem Zimmer mit nur vier Betten. Während ich dort lag, wechselten über zehn Patientinnen. Für mich war das eine neue Erfahrung. Mein Aufenthalt im Klinikum hat mich an die Zeit meiner Haft erinnert, wo ich oft zur medizinischen Behandlung musste und auch im Krankenhaus lag. Folgendes ist im Klinikum passiert ...

Ich vertrage das Antibiotikum Amoxicillin nicht, mein Körper reagiert allergisch darauf. Das habe ich den Ärzten gleich mitgeteilt. Als die Diagnose feststand, begann ich mit der Therapie. Ein paar Stunden später spürte ich starke Nebenwirkungen. Die Anzeichen kamen mir bekannt vor – Jucken, Schwellungen, Erbrechen ... Mein ganzer Körper war angeschwollen, die Folgen können schwerwiegend sein. Als die ersten Anzeichen auftraten, rief ich eine Krankenschwester und versuchte es ihr zu erklären. Nach einem Telefonat mit einem Arzt überreichte sie mir ein Medikament gegen die Nebenwirkungen. Die Krankenschwester erklärte mir, dass ich ohne ein Gespräch mit dem behandelnden Arzt die Medikamente nicht weiternehmen darf. Am nächsten Morgen kam eine andere Krankenschwester und gab mir erneut das Medikament. Ich erklärte ihr den Grund, warum ich zuerst mit einem Arzt sprechen möchte, bevor ich es nehme (dazu kamen noch Verständigungsprobleme). Sie schien mein Anliegen verstanden zu haben, dennoch sollte ich das Medikament einnehmen. Ich war trotzdem nicht bereit dazu. »Das ist Ihre Entscheidung«, sagte sie und ging. Ohne Medikamente und einen Arzt gesehen zu haben, verging der Vormittag. Ich rief eine andere Krankenschwester, um mein Anliegen erneut darzulegen. Daraufhin kamen mein behandelnder Arzt sowie ein Spezialist. Erneut erzählte ich die ganze Geschichte.

»Was für eine Art von Jucken haben Sie?«, wollte der Arzt wissen. Ich erklärte ihnen, dass mir die Symptome nicht vertraut sind, aber wie es sich anfühlt. Sie wollten, dass ich die Medikamente weiternehme, damit sie wissen, welche Art von Jucken ausgelöst wird und wie ich darauf reagiere.

Wie du es dir sicherlich vorstellen kannst, war ich in dem Moment alles andere als entspannt, so wie ich jetzt davon erzähle. Ich fühlte mich wie ein ›Versuchstier‹. Mir kamen Bilder in den Kopf, die mich lange getrieben hatten. Ich entgegnete ihnen, dass ich das Medikament gegen Entzündung niemals einnehmen werde.

»Wenn Sie das Medikament nicht nehmen, können wir Ihre Krankheit nicht behandeln«, sagten die Ärzte.

»Wegen solcher Tabletten habe ich schwere Zeiten durchgemacht. Deswegen will ich das nicht wieder erleben... «. Mir flossen Tränen die Wangen runter.

»Wir können Ihnen ein Mittel gegen die allergischen Reaktionen geben, aber die Medikamente können wir nicht absetzen«, erwiderten sie am Ende. Schließlich einigten wir uns auf das, was die Fachleute vorschlugen. Folglich bekam ich Medikamente gegen die allergischen Reaktionen zusätzlich zu dem ursprünglich verordneten. Merkst du, wie die Dinge sich miteinander vermengen? So war es für mich unvermeidbar, in einer deutschen Klinik zu liegen und nicht meine Erlebnisse in der Haft aufzurufen ...

Wenn du irgendwo melancholisch vor dich hinträumst, kommst du manchmal auf skurrile Ideen. Nehmen wir an, wir würden zuhause eine Kamera installieren und all unsere Tätigkeiten bis aufs Kleinste aufzeichnen, um dann mit uns selbst und unserer Arbeit abzurechnen. Wie viele unserer Tätigkeiten würden als richtig ausgeführt gelten, von denen wir annahmen, wir würden sie gut verrichten? Während ich zwei Wochen in einer Ecke im Krankenhaus lag und andere beobachtete, kamen in mir solche Fragen auf.

Manche Beobachtungen stimmten mich auch sehr nachdenklich. Wenn zum Beispiel manche Pflegerinnen und Pfleger einen Handschuh für mehrere Patienten benutzten. Während die eine Krankheit kuriert wird, ist es gut möglich, dass jemand sich eine andere ansteckende Krankheit einfängt. Was Handschuhe betrifft, mache ich seit langem ohnehin beunruhigende Beobachtungen.

Ein Beispiel: Wenn eine Reinigungsfrau, ohne den Handschuh zu wechseln, die Sachen, die wir Patienten benutzen, anfasst ... kann es unmöglich sein, dass sie nicht weiß, was sie eigentlich zu tun hätte. Es ist offensichtlich, dass das medizinische Personal dank des Handschuhs frei alles anfassen kann. Ich denke nicht, dass ihnen die Folgen solchen Verhaltens verborgen sind. Was ich damit sagen möchte, ist, dass es mich beunruhigt, wenn ich sehe, dass jemand, der einen Handschuh trägt, zwar sich selbst schützt, aber wenig Interesse zeigt, andere auch zu schützen. In Krankenhäusern wird einerseits geheilt, aber gleichzeitig ist es ein Heim für alle möglichen Krankheiten.

Was du mir über Svetlana Alexijewitsch und Belarus geschrieben hast, passt genau zu den Gedanken, die in letzter Zeit in meinem Kopf schwirren. Zufällig habe ich eine Dichterin und Journalistin namens Sabina Brilo aus Belarus über *Weiterschreiben* kennengelernt, und mittlerweile hat sich zwischen uns eine Brieffreundschaft entwickelt. Unsere Briefe werden die Sprachen Russisch, Deutsch und Tigrinya enthalten. In ihrem ersten Brief schrieb sie über die Diktatur von Lukaschenko und ihre Fluchtreise. Zuflucht fand sie im benachbarten Litauen, wo sie seit einem Jahr lebt. Fällt dir auch auf, wie besonders häufig die Aspekte Literatur, Frauen, Flucht ... in unseren Briefen vorkommen?

Svetlana Alexijewitsch hat viele Preise erhalten, darunter 2015 den Nobelpreis für Literatur. Das von dir empfohlene Buch werde ich mir besorgen und lesen. Wie du in deinem Brief über ihre Gedanken und Perspektiven hinsichtlich ihrer Rückkehr in ihr Heimatland geschrieben hast, kommen mir auch oft ähnliche Gedankengänge. In der Tat hängt auch meine Rückkehr in meine Heimat mit dem Sturz oder Tod der Bestie in meinem Land zusammen, bei dessen Namens Nennung mir schaurig wird. Das Attribut ›Bestie‹ verwende ich nicht, um ihn herabzusetzten, sondern weil eine Bestie ihre Bedürfnisse durch das Leid anderer Lebenswesen befriedigt. Daher denke ich, dass diese Beschreibung ihn exakt trifft.

Mir selbst kommt es jetzt so vor, als wäre dieses Attribut tatsächlich sein Name. Nicht einmal versehentlich geht mir sein Name über die Lippen. Meiner Meinung nach passen auch die üblichen Begriffe und Erklärungen für Diktatoren in anderen Regionen dieser Welt auf diesen ›Typen‹ in Eritrea nicht. Es gibt viele grausame Charaktere auf dieser Welt, aber so wie es bei ihm ausgeprägt ist, verwundert es mich schon.

Ohne zu zögern wünsche ich mir seinen Tod, aber dann frage ich mich: Will ich den Frieden und die Wiedervereinigung meiner Familie auf Kosten einer anderen Familie, die in Trauer verfällt? Seine Grausamkeit hat uns grausam werden lassen. Er hat uns so weit getrieben, dass wir unseren Frieden vom Sterben anderer Menschen abhängig machen, stelle ich traurigerweise fest. »Ist er überhaupt ein Mensch?«, diskutiere ich mit mir selbst. Die Chance, meine Heimat wiederzusehen, ist letztendlich auch für mich vergleichbar mit der von Svetlana Alexijewitsch.

Bis zum letzten Monat wusste ich nicht, dass die Stadt Gießen eine der wichtigsten Anlaufstellen für Flüchtlinge in Deutschland ist. Wie du weißt, unterscheidet sich mein Fluchtweg nach Deutschland von dem der meisten Geflüchteten (vor allem aus Eritrea). Ebenfalls hatte ich keine Ahnung, dass Gießen das Festivalzentrum für die Unterstützer des eritreischen Regimes ist.

Während mein Land sich nun offiziell an dem blutigen Krieg in der nordäthiopischen Provinz Tigray beteiligt, schickte das Regime eine Musikband und Propagandisten, die aus Angehörigen der Armee zusammengesetzt sind, nach Europa, um die Werbetrommel zu rühren. Sie waren länger als einen Monat auf Tour durch verschiedene europäische Länder. Die erste Veranstaltung fand in Schweden statt. Eritreer in verschiedenen Regionen der Welt äußerten ihren Unmut darüber und forderten die sofortige Absetzung der Veranstaltungen.

Es haben sich zwei gegensätzliche und kaum versöhnliche Positionen gebildet. Während die einen die Meinung vertreten, dass die Regierungsunterstützer das Recht hätten, von einer Kulturgruppe aus ihrer Heimat unterhalten zu werden, wollen die anderen solche Veranstaltungen um jeden Preis verhindert sehen, weil die sogenannten ›Shows‹ lediglich ein Deckmantel für die Kriegspropaganda und Geldanschaffung für die Staatskasse seien. Meiner Meinung nach darf auf keinen Fall geschwiegen werden, wenn Unterstützer des Regimes in Veranstaltungshallen tanzen, während ein schwedischer Staatsbürger seit über 21 Jahren verschleppt und verschwunden ist. Natürlich will das eritreische Regime jegliche Kritik in den Massenmedien vermeiden. Proteste gegen die Tanzveranstaltungen können dazu beitragen, dass schwedische Medien über ihren in Eritrea verschleppten Bürger, den Journalisten Dawit Isaac, berichten.

Unter großem Einsatz haben in Schweden lebende Oppositionelle die Vermieter von Veranstaltungshallen überzeugen können, dass sie ihre Räume für solche Veranstaltungen nicht vermieten, beziehungsweise vorhandene Mietverträge kündigen. Nichtsdestotrotz konnte die Veranstaltung nicht wirklich verhindert werden; sie fand im Freien in einem Park statt. In den sozialen Medien tobte eine heftige Debatte über die Aufführungen und die Kriegshetze, die auf dem Festival stattfanden. Es sah aus, als hätten die Proteste die Veranstalter angespornt, radikaler und provokanter aufzutreten.

Eine Woche später sollte die nächste Veranstaltung in den Niederlanden stattfinden. Die Auftritte und deren Inhalte in Schweden konnten in den Niederlanden dafür genutzt werden, jeglichen Auftritt gerichtlich verbieten zu lassen. Damit erreichte der Protest seinen Höhepunkt. Die nächste planmäßige Propagandashow sollte am 20. August 2022 in Gießen stattfinden. Im Gegensatz zu den Niederlanden waren die Aktivisten in Deutschland nicht erfolgreich, die Propagandashow gerichtlich verbieten zu lassen. Eine Demonstration wurde ihnen gestattet. Doch an dem Tag blieb es nicht nur bei den Feiern der Regimetreuen und Demonstranten der Oppositionellen. Unruhen brachen aus, die zu Auseinandersetzungen führten. Menschen wurden verletzt und Sachschäden entstanden. Erst nach so einem hohen Preis wurde das ›Festival‹ auf Anordnung der Polizei abgesagt. Darüber gab es mehrere Berichte in deutschen Medien, vielleicht bist du zufällig auf einige davon gestoßen.

Schau mal, das Regime hat uns aus dem Land vertrieben. Als wäre das nicht genug, folgt es uns hierher, untermalt seine verbrecherischen Taten mit farbenfrohen Veranstaltungen und sorgt dafür, dass wir aufeinander losgehen. Kannst du dir vorstellen: Sie haben ihren nächsten Auftritt in der Schweiz geplant und intensiv beworben, als wären ihre vorherigen Veranstaltungen nicht bereits gerichtlich und ein anderes Mal durch Unruhen gestoppt worden. Danach waren Veranstaltungen in Dänemark und Norwegen geplant. Zum Schluss versuchten sie es auch noch in Großbritannien. Was sagst du dazu? Jedenfalls haben die Protestaktionen die jungen Eritreer in Europa (die regimekritisch sind) näher zusammengerückt. Sie haben es geschafft, dass die geplanten Propagandashows entweder gerichtlich oder durch Proteste verhindert werden konnten. Zusammengefasst lauten ihre Stimmen: »Dieses Regime unterdrückt unsere Familien, wirft unsere Schwestern und Brüder in einen Krieg und lässt uns im Exil nicht in Ruhe leben. Es folgt uns hierher, um für den Krieg Geld einzutreiben. Wir werden nicht mehr schweigen.« Dem stimmen viele Eritreer im Exil, die Gerechtigkeit und einen Wandel in Eritrea fordern, zu. Ich selbstverständlich auch. Es gibt aber auch andere Stimmen, die für ein Vorgehen mit rechtsstaatlichen Mitteln plädieren. Ja, das ist wahr. Allerdings gibt es auch eine andere Wahrheit. Wenn jemand kein Deutsch versteht, dann kannst du ihm sagen, was du willst, er wird dich nicht verstehen. Entweder muss er Deutsch lernen, oder du lernst Tigrinya. So ist es auch mit dem eritreischen Regime. Wenn es um Recht und Gesetze geht, versteht es gar nichts.

Sicherlich verfolgst du die Proteste im Iran, die nach dem Mord an einer jungen Frau entflammt sind. Fast zwei Wochen ist es her, und sie haben immer noch nicht aufgehört. Die Wut, die durch solche Proteste zum Ausdruck gebracht wird, sendet revolutionäre Signale an unterdrückerische Systeme weltweit. Und immer noch verlieren Menschen ihr Leben im Iran. Mir kommt es so vor, als wäre es ein Kampf zwischen entrechteten Menschen und Unterdrückern, die sich nur für die Erhaltung ihrer Macht interessieren. Sie sind Extremisten, die versuchen, den Glauben nur in eine Richtung zu steuern.

Gestern habe ich gelesen, dass schon im Jahr 1936 der damalige iranische Herrscher, Reza Shah, ein Gesetz für die freie Kleiderordnung von Frauen erlassen hatte. Folglich zeigten sich seine Frau und zwei Töchter bei einer öffentlichen Veranstaltung ohne Tschador. Ihre Bilder wurden im ganzen Land verbreitet. Nach der islamischen Revolution von 1979 wurde das Gesetz zum Tragen eines Tschadors wiedereingeführt. Seitdem wird jede Frau unabhängig von ihrem Glauben, ob sie Ausländerin oder Einheimische ist, gezwungen, ein Tschador in der Öffentlichkeit zu tragen. Jina Mahsa Amini wurde dennoch das Leben genommen. Nicht etwa, weil sie das Gesetz gebrochen hat, sondern weil sie angeblich den Schleier nicht so getragen habe, wie sie sollte.

Noch einmal möchte ich mich auf einige Punkte aus deinem letzten Brief beziehen:

Die Fortsetzung unseres Schreibens über meine Zeit bei PEN hinaus erfüllt mich mit Freude. Unser Projekt ist eine der Früchte, die aus den Möglichkeiten entstanden sind, die mir PEN geboten hat, wofür ich zu Dank verpflichtet bin. Für den 1. September hatte *PEN Deutschland* zu einer Veranstaltung in seinem Büro in Darmstadt eingeladen. Vorgestellt wurden Gedichte und Bilder von Teilnehmern des Projekts *Schriftsteller im Exil*, die der junge Fotograf Maximilian Godecke gemacht hat. Einige von uns haben dort auch ihre Gedichte vorgetragen.

Bei der Gelegenheit traf ich den neuen PEN-Präsidenten Josef Haslinger. Wir konnten uns nur kurz unterhalten, aber ich hatte einen sehr freundlichen Eindruck von ihm. Ich gehe davon aus, dass du an der Versammlung und den Wahlen im Mai in Gotha teilgenommen hast. An dem Tag war ich in Berlin und kann mich gut erinnern, dass ich am Hauptbahnhof auf den Zug nach München gewartet habe. Die Kommentare, die in der Whats-App-Gruppe von ehemaligen und gegenwärtigen Teilnehmern des Projekts *Writers in Exile* sowie Mitarbeitern des PEN-Büros auftauchten, verwirrten mich. Sofort rief ich Stella Nyanzi an, wodurch ich näheres über die Vorfälle auf der Versammlung erfahren konnte.

Worüber ich dir aber sicher schreiben und erzählen kann, ist Leander Sukovs Stellungnahme auf Facebook. Er nannte einige

Namen von ehemaligen Teilnehmern von *Writers in Exile*, inklusive meinen, und entschuldigte sich für die schlechte Behandlung. Darin gab er auch an, dass es Deniz Yücel war, der Nachfolger von Regula Veske, der ihm solches Verhalten vorgeworfen hat. Deniz Yücel und ich sind uns nie begegnet oder haben jemals gesprochen. »Wie kann jemand, der nie mit mir gesprochen hat, sich als mein Anwalt aufspielen«, empörte ich mich. Obwohl Leanders Stellungnahme mir sehr viel Unbehagen bereitete, konnte ich sie nicht kommentieren.

PEN-Deutschland hat in meiner Biografie einen enorm wichtigen Platz. Das sage ich nicht, um jemandem einen Gefallen zu tun. PEN-Mitglieder haben mich mit offenen Armen aufgenommen, ohne dass ich je ein Gefühl des ›Fremdseins‹ empfunden habe. Unterstützung zu erhalten, kann mein Recht sein. Wenn jemand dir aber auch Fürsorge und Wärme gibt, dann geht es weit darüber hinaus. Das lässt sich auch nicht mit Recht, Gesetz oder ähnlichem beschreiben. Als Mensch zu agieren, aufrichtige Liebe zu schenken, gewissenhaft zu arbeiten .... all das steht über allen Dingen. All das habe ich von PEN-Mitgliedern bekommen. Das einzige, was in dieses Bild nicht passt, ist die Attacke von Deniz Yücel gegen andere Mitglieder durch die Instrumentalisierung unserer Namen (obwohl dies nach meiner Zeit bei PEN passiert ist).

Mein Neffe in Rotterdam heißt Kabiel. ›Vom Schöpfer‹ oder ›vom Gott‹ lässt sich der Name in etwa übersetzen. An den Feiertagen telefonieren sowohl mein Bruder als auch ich regelmäßig nach Hause, wobei wir sehr vorsichtig und äußerst zurückhaltend kommunizieren. Immer sagen sie, dass es ihnen gut geht, was von Höflichkeit und Angewohnheit herrührt. Im Vergleich zu ihnen geht es uns natürlich gut. Hoffentlich glauben sie uns das auch, denn sie sollen wissen, dass bei uns alles gut ist.

Damit will ich meinen Brief heute beenden.

Wenn alles gut geht, werde ich nächste Woche an einem Ort sein, an dem ich eine gute Zeit verbringen werde. Was und wo kannst du gerne raten. Im nächsten Brief werde ich dir alle Einzelheiten schreiben.

Mit den allerbesten Wünschen!

Deine Yirgalem

10

14. Dezember 2022

Liebe Yirgalem,

du hast mir im September geschrieben, ich habe den Brief im November erhalten, als alle Wärme längst aus dem Herbst verschwunden war – ironischerweise für mich ein ständiger Reisemonat, später mehr darüber. Dass du im Krankenhaus warst, mit Tuberkulose, und dann auch noch unter Allergie leiden musstest, und noch mehr unter dem Gefühl der Hilflosigkeit, ausgelöst von den üblen Erinnerungen ... So etwas musste ich nie erleben. Jedenfalls nicht auf diese Weise. Ich war nur sehr selten als Patientin im Krankenhaus in meinem Leben. Das letzte Mal, glaube ich, als mir die Mandeln entfernt wurden, und da war ich ein Teenager, so lange ist das schon her. Weil nach der Operation meine Eltern da waren, als ich aus der Narkose aufwachte, kann ich mich auch nicht daran erinnern, Angst gehabt zu haben. Hilflos fühlte ich mich schon eher, wenn ich andere geliebte Menschen im Krankenhaus besuchte und wusste, dass sie nicht mehr lange zu leben hatten, und ihnen nur bedingt geholfen werden konnte, etwa eine meiner Großmütter.

Aber auch diese Erinnerungen scheinen einer anderen Welt anzugehören, denn heute sind die Krankenhäuser nicht nur der Pandemie wegen so überlastet und werden so unter Druck gesetzt, dass man derzeit gar nicht darauf rechnen kann, auch immer einen Platz zu finden. Ich bin mit ein paar Ärzten befreundet – in Bamberg, nicht in München –, und die Geschichten, die ich da höre, wären oft eigene Bücher wert. Eines habe ich tatsächlich vor ein paar Jahren geschrieben, es heißt *Die Gefängnisärztin*, denn die Ärztin des Gefängnisses meiner Heimatstadt zählt zu diesen Freunden. (Wobei sie nicht identisch mit der Hauptperson ist, das ist eine erfundene Figur, aber sie war natürlich eine wichtige Quelle.)

In der letzten Woche war immer wieder in den Zeitungen zu lesen, dass selbst Kinderkliniken Kinder nicht mehr alle versorgen können. Wenn ich so etwas lese, muss ich an die kleinen Kinder meines Patensohnes denken – nicht, weil sie krank sind, aber so etwas kann einem Kind ja jederzeit passieren, und was dann? Andererseits sind natürlich die Kinder meines Patensohns in einer ungleich besseren Lage als die Kinder in der Ukraine jetzt, oder in anderen Kriegsgebieten – oder in deiner Heimat. Ich muss auch an die Flüchtlinge denken, die immer noch im Mittelmeer ertrinken. Es gibt so viel Furchtbares in der Welt, dass es lähmend wirken kann, an zu viele Katastrophen auf einmal zu denken, und eher hilft, sich auf ein paar Feuer zu konzentrieren, die man, wenn nicht löschen, so doch eindämmen kann. Als Einzelperson kann ich den Krieg nicht beenden oder Diktaturen abschaffen. Aber ich kann Hilfspakete in ein Land schicken, oder – wie ich es durch den Verein *Brot und Bücher*, den ich mitgegründet habe, immer wieder tue – beim Aufbau von Schulen und Krankenhäusern in Ländern wie Benin oder Tansania helfen.

Gleichzeitig kommt mir das als viel zu wenig vor, wenn ich an die Menschen denke, die tatsächlich die Kraft haben, vor Ort zu sein und dort mit anzupacken. Oder an dich, die du Folter, Gefängnis und Staatsterror erlebt hast, und nie aufgibst. Ich dagegen zucke schon zusammen, wenn ich miterlebe, wie Menschen, die ich schätze, aufeinander losgehen.

Was du von der eritreischen militärischen Kulturgruppe schreibst, die auf Tour durch Europa geht, und von den Ereignissen von Schweden bis Gießen, das erinnert mich an ein Dilemma, was wir mit der AfD grundsätzlich haben, und spezifisch damit, dass sie Anspruch auf Millionengelder für die von ihnen gesteuerte *Desiderius-Erasmus-Stiftung* anmelden. (Nebenbei: Dass der arme Erasmus, ein großer europäischer Humanist der Renaissance, der Nationalismus verabscheute, mit seinem Namen für eine AfD-Stiftung herhalten muss, ist an sich schon zum Haareraufen.) Einerseits ist es so, dass die in unserem Parlament vertretenen Parteien Anspruch auf Gelder für ihre parteinahen politischen Stiftungen – zum Beispiel die CDU-nahe Konrad-Adenauer-Stiftung, oder die SPD-nahe Friedrich-Ebert-Stiftung – haben. Andererseits ist die AfD eine Partei, die rechtsextreme Ziele vertritt, und ihnen auch noch Geld dafür zu geben, dass sie ihre Ideologie über parteinahe Institutionen (oder auch Festivals) vermitteln können, hieße, dass die Demokratie den Abschaffern der Demokratie Werkzeuge reicht.

Nicht viel anders, als Raum für eine Gruppe zu geben, die für einen von einer Diktatur geführten Krieg wirbt. Hier bin ich froh, dass ich keine Richterin bin, die das zu entscheiden hat. Einerseits sagen all meine Instinkte, dass es falsch ist, andererseits bin ich mir auch bewusst, dass es legale Argumente dafür gibt, die in den Bereich Meinungsfreiheit und Gleichbehandlung vor dem Gesetz fallen. Jedenfalls bin ich froh, dass gegen die Veranstaltung demonstriert wurde. Ich glaube, das ist ungeheuer wichtig – eben nicht hinzunehmen, dass dergleichen als ›normal‹ akzeptiert wird, ob nun eine Werbeveranstaltung für das Regime in Eritrea oder eine rechtsextreme Partei im Bundestag. Und mit demokratischen Mitteln dagegen zu halten – darauf hinzuweisen, was sich hinter der Maske wirklich verbirgt.

Übrigens, in den letzten Wochen wurden hier ein Haufen Rechtsextremisten verhaftet, die für einen Staatsstreich Waffen gehortet hatten, eine ehemalige AfD-Bundestagsabgeordnete darunter. Einige der prominenteren Teilnehmer wirken wie aus einer Satire – ein verschrobener Adliger, ein Tenor, ein Koch – aber es sind eben auch Polizisten dabei, außerdem ehemalige Soldaten, alles Leute, die für den Umgang mit Waffen ausgebildet wurden, und eine Richterin, die hätte Recht sprechen sollen. Klar, die Macht im Staat hätten sie nicht übernehmen können. Aber es wäre für sie sehr leicht gewesen, ein Massaker zu veranstalten – dazu genügt schon ein einziger Mensch mit Waffe, und hier gab es Dutzende. Groteske und potentielle Tragödien liegen manchmal sehr nah beieinander. Über Hitlers Putschversuch 1923 sind auch jede Menge Witze gemacht worden ...

Nun ist es eigentlich klar, gegen Diktatoren Stellung zu beziehen, wenn man die Freiheit dazu hat. Aber was ist, wenn es um Ungerechtigkeit geht, die von Demokratien (respektive deren gewählten Oberhäuptern) verursacht wird? Vor einer Woche war ich eine der Rednerinnen bei den Mahnwachen in Sachen Julian Assange, die vom PEN gleichzeitig in München, Berlin und Düsseldorf veranstaltet werden. Nun ist mir Assange als Person nach allem, was ich auch vor 2010 über ihn gelesen habe, nicht sonderlich sympathisch. Aber darum geht es nicht. Er wird seit über einem Jahrzehnt dafür, dass er Kriegsverbrechen öffentlich gemacht hat, von den USA (unter drei verschiedenen Regierungen) verfolgt, als sei er der Mörder in dieser Affäre; dass die Briten ihn ausliefern wollen, und unsere Regierung dabei zuschaut, ist eine Schande. Es kann doch nicht sein, dass Kriegsverbrechen an die Öffentlichkeit zu bringen nur dann als positiv gesehen wird, wenn die Verbrecher auf Befehl eines Diktators gehandelt haben. Wenn man das einmal hinnimmt, dann ist die Pressefreiheit dahin. Einem Feind seine Taten vorzuwerfen, ist leicht; weh tut es, wenn man es bei einem Freund tun muss, aber gleichzeitig ist es auch genauso wichtig.

Ja, ich verfolge die Proteste im Iran, und bin zutiefst beeindruckt von dem Mut der Menschen dort. Inzwischen hat es schon die zweite Hinrichtung gegeben: Ich fürchte sehr, die

Regierung dort wird in dieser Richtung weitermachen. Nicht zufällig sind sie während der letzten Monate immer näher an Putin gerückt. Für diese Art von Machthaber ist es undenkbar, nicht mehr mächtig zu sein, oder eine andere Antwort auf Kritik als immer mehr Gewalt zu finden. In den Berichten, die ich lese, höre und sehe, ist auch oft von Vergewaltigungen und anderer körperlicher Brutalität in den Gefängnissen die Rede. In der Vergangenheit hat man wohl immer versucht, das Volk durch den Hass auf einen äußeren Feind – meistens, aber nicht ausschließlich die USA – zu einen, und das funktioniert jetzt nicht mehr. Aber werden die Perserinnen und Perser es schaffen, sich zu befreien, oder wie bei den ›grünen‹ Demonstrationen vor ein paar Jahren so brutal niedergeschlagen werden, dass es wieder Jahre dauert, bis jemand es wagt, nein zu sagen?

Als ich noch jünger war, hatte ich viel mehr Optimismus in mir. Kein Wunder; ich war gerade mal ein Jahr lang aus der Schule, da fiel die Berliner Mauer, der Kalte Krieg war vorbei, und nichts davon hätte ich als Kind für möglich gehalten. In den Wochen zuvor schaute ich jeden Abend Nachrichten mit der Erwartung, irgendwann würden die DDR-Soldaten den Befehl erhalten, in die demonstrierende Menge zu feuern. Stattdessen endete alles friedlich. Nie werde ich vergessen, was es für ein Gefühl war, zum ersten Mal ohne Visumspflicht die DDR zu betreten. Auf den Feldern links und rechts der Autobahn standen überall ›Willkommen‹- und ›Wir sind ein Volk‹- Plakate. Damals war ich 20 Jahre alt, und danach überzeugt, dass sich trotz gelegentlicher Rückschläge in der Geschichte alles zum Besseren entwickelt. Totalitäre Systeme schienen überall auf dem Rückzug zu sein, nicht nur in Europa.

Ich hätte mehr darauf achten sollen, dass im selben Jahr in China die Demonstrationen der Studenten auf dem Tian'anmen-Platz (Platz des Himmlischen Friedens) damit endeten, dass die Studenten von Panzern niedergewalzt wurden.

Trotzdem: Keine Diktatur, keine Autokratie währt ewig. Ich wünsche mir jedenfalls, dass die Menschen, die hier und heute im Iran demonstrieren, alle ihre Freiheit noch erleben werden!

Die Fotoausstellung, die du erwähnst, habe ich ebenfalls gesehen, als ich Mitte Oktober in Darmstadt war, anlässlich der außerordentlichen Vollversammlung, um ein neues ständiges Präsidium zu wählen, und fand sie sehr schön und bewegend. Ihr Stipendiaten seid für mich einer der wichtigsten Gründe dafür, PEN-Mitglied zu sein und zu bleiben. Es tut mir deswegen doppelt und dreifach leid, dass du und die anderen von den diesjährigen Ereignissen auch noch in Mitleidenschaft gezogen wurden. Gotha, die Ereignisse, die darauf hinsteuerten, und das Nachspiel waren ein ziemlicher Albtraum für uns alle, aber nun, so hoffe ich, geht es wieder weiter. Ich war in der Findungskommission, die nach Gotha den Auftrag hatte, Vorschläge für das neue Präsidium zu koordinieren, die vorgeschlagenen Kandidaten zu fragen, ob sie überhaupt im Präsidium sein möchten, ihnen zu erklären, woraus konkret die Aufgaben bestehen, et cetera. Dabei war es uns auch wichtig, dass es für jedes Amt mehr als eine Kandidatin respektive einen Kandidaten gibt, damit wirklich immer Alternativen da waren und eine demokratische Wahl getroffen werden konnte. Das haben wir erreicht, und ich bin froh darüber. Aber es wäre noch viel, viel besser gewesen, wenn Gotha sich nie ereignet hätte, und wir uns in diesem Jahr nur auf die vielen Projekte hätten konzentrieren können, für die der PEN eigentlich da ist.

Die Findungskommissionsarbeit hinter mich gebracht zu haben, bedeutete auch, dass ich mich wieder auf mein Schriftstellerinnendasein besinnen konnte. Derzeit arbeite ich gleichzeitig an mehreren Projekten, vor allem einem Kinderbuch und einem Kurzgeschichtenband, und beides gibt mir das Gefühl, lange entbehrten Sauerstoff nach einem Jahr voller Smog und Nebel einzuatmen. Im Zusammenhang mit der Recherche für den Kurzgeschichtenband war ich im November am Bodensee und auf der Insel Reichenau, die man als Touristin sonst eher im Sommer besucht. Auch in der strengen Novemberkühle war der Reiz dieser Gegend mit all ihren Obstfeldern nicht zu übersehen. Ich bin die ganze Insel – die nicht sehr groß ist – abgelaufen, auf den Spuren der Mönche, die dort vor fast 1300 Jahren ein Kloster gründeten, und musste daran denken, wie wir beide am Tegernsee spazieren gingen.

Heute schneit es, und wie ich mich erinnere, hat der Schnee dich in den letzten Jahren belastet. Nun habe ich mir vorgenommen, dir auch die schönen Seiten des Winters zu zeigen, und es war auch von einem Schneemann die Rede. Wenn ich den Brief abgeschlossen habe, werde ich dir texten, denn ich glaube, allmählich liegt genug von dem weißen Zeug auf den erstarrten Böden der hiesigen Parks. Natürlich könnte es morgen schon wieder schmelzen. Aber: Ich glaube, ich bin, trotz allem, immer noch eine Optimistin!

Immer deine

Tanja

Liebe Tanja,

wie geht es dir? Mir geht es gut.

Unser Briefwechsel begann vor rund drei Jahren, und mit dem heutigen Brief wird er enden. Welche Gefühle ich dabei habe, kann ich nicht richtig beschreiben. Es steht fest, dass unsere Briefe schließlich den Leser erreichen werden. Das ist zweifelsohne eine gute Sache. Andererseits bedeutet es auch, dass unsere Korrespondenz ein Ende findet. Das löst wiederum ganz andere Gefühle bei mir aus. Was ich jedoch mit Sicherheit sagen kann, ist, dass ich über die mir gebotene Gelegenheit sowie die Freundschaft mit dir immer dankbar sein werde.

Heute ist der Tag, an dem ich aus dem Gefängnis entlassen wurde. Seitdem sind acht Jahre vergangen. Im Gefängnis habe ich Menschen zurückgelassen, die sich nicht vorstellen konnten, am Leben zu bleiben, wenn sie noch eine Woche, einen Monat oder ein Jahr in Haft bleiben. Bis heute sind sie dort. Wenn ich an sie denke, verzweifle ich. Es kommt mir so vor, als hätte ich sie verraten. Obwohl ich mir nichts zu Schulden kommen ließ, fühle ich mich dennoch schuldig. Das alles liegt mir schwer auf der Seele.

Aus Anlass meiner Entlassung wurde ich zum Abendessen eingeladen. Seit meiner Flucht aus Eritrea veröffentlichte ich an diesem Datum regelmäßig auf Facebook einen Text über die Grauen der Haft. Viele Freunde nehmen das zum Anlass, mich an diesem Tag zu beglückwünschen. Die Glückwünsche versuche ich so anzunehmen, wie sie gemeint sind. »Wenn Menschen dafür beglückwünscht werden, dass sie aus dem Bauch ihrer Mutter herausgekommen sind, dann kann es nicht falsch sein, dass andere dafür beglückwünscht werden, dass sie aus dem

Maul einer Bestie herausgekommen sind«, versuche ich mich zu trösten. Trotzdem werde ich die Zweifel nicht los.

Über den Krieg in der nord-äthiopischen Provinz Tigray (Massaker wäre die adäquate Bezeichnung), der kurz nach dem Beginn unseres Briefwechsels ausbrach, habe ich dir geschrieben. Gern würde ich kurz auf die aktuelle Entwicklung eingehen. Nach zwei Jahren brutalen Kriegs, bei dem unzählige Menschen umgekommen sind, einigten sich beide äthiopische Kriegsparteien am 2. November 2022 in Pretoria (Südafrika) unter der Vermittlung der Afrikanischen Union, den Krieg zu beenden. Diese Nachricht flog herein, als wäre der Krieg nach einem Abpfiff abrupt beendet. Dabei fühlte sich der zweijährige Krieg wie ein plötzlich ausgebrochener tropischer Regen an, bei dem man verzweifelt das Ende herbeisehnt und gleichzeitig an die entstehenden massiven Schäden denkt. Das Unfassbare ist, dass äthiopische Drohnen Bomben über Tigray abwarfen und dabei kleine Kinder töteten, während die Verhandlungen in Pretoria liefen. Jedenfalls wurden unklare Vereinbarungen sowie unglaubwürdige Kompromisse getroffen.

In Eritrea gibt es ein traditionelles Gleichnis. Ein Blinder wurde gefragt: »Was hättest du gern?« »Licht«, antwortete er. Das äthiopische Pendant dazu lautet: »Mahle das Getreide wo du willst. Hauptsache, du bringst das Mehl.« Mit diesen Aussagen will ich ausdrücken, dass der einzige Wunsch der Menschen Frieden ist. Wie der Frieden zustande kommt, ist den Menschen relativ egal. (Ich möchte an dieser Stelle nicht unerwähnt lassen, dass der Tod von tausenden jungen Eritreern in diesem Krieg noch gar nicht thematisiert wurde.)

In anderen Teilen Äthiopiens geht das Töten von Menschen weiter. Nachdem der Krieg in Tigray das Leben von bis zu einer Million Menschen gekostet hat, hoffe ich von Herzen, dass wieder uneingeschränkt Frieden herrscht. Die Bevölkerung musste in den letzten zwei Jahren durch alle möglichen Gefahren, Nöte und lebensfeindliche Prüfungen gehen. Sie begegnete den verschiedenen Gesichtern des Todes: dem Verhungern, der kriegerischen Auseinandersetzung, dem Mangel an medizinischer Versorgung. Die Vorstellung, dass Menschen an Hunger sterben, erschreckt mich. Stell dir das Leiden vor, wie viele Tage vergehen, bis der Mensch aufhört zu atmen. Du kannst dir sicher auch denken, was der Lärm von Maschinengewehrfeuern, Detonationen, Kampfjets ... bei Kindern auslöst.

Euer Projekt *Brot und Bücher* ist ein wichtiger Beitrag vor allem für Menschen in Notsituationen. Während ich deinen Brief las, kam mir der Gedanke, ob ein solches Projekt auch für Kinder in Tigray machbar wäre, die zwei grauenvolle Jahre durchlebt haben – ausgeschlossen vom Schulbesuch, ohne medizinische Versorgung und ohne genügend Lebensmittel. Natürlich ist die Situation auch in meinem Land nicht viel besser. Doch außer trauern und verzweifeln wüsste ich nicht, was man tun könnte. Denn den Menschen in Eritrea wird selbst einfache Hilfe untersagt. Wenn du irgendwelche Ideen hast oder Möglichkeiten siehst, würde ich mich gerne mit dir darüber austauschen.

Von den in Deutschland in Solidarität mit Julian Assange stattgefundenen Veranstaltungen wusste ich nichts. Ich habe die Diskussion in Großbritannien verfolgt, die in der ersten Dezemberwoche in London von *PEN International* und *English PEN UK* organisiert wurde. Awet Fissehaye, Direktor von *PEN Eritrea*, und Stella Assange (die Ehefrau von Julian Assange) waren unter den Teilnehmern des Diskussionspanels. Wenige Tage danach wurde im britischen Parlament eine Ausstellung mit Fotos von den in Eritrea verschleppten und verschwundenen Journalisten und Schriftstellern gezeigt. Viele Abgeordnete und Vertreter verschiedener Parteien hatten die Möglichkeit, die Ausstellung zu besuchen. Bei dem Anlass sagte Awet Fissehaye: »... unsere Gegner sind stets ängstlich. Sie fürchten die Wahrheit!«, was auch die Überschrift eines Berichtes auf *EritreaHub.org* war. Ich denke, das ist eine gute Beschreibung für die Verschleppung von Personen wie Amanuel Asrat in Eritrea oder die Jagd auf Julian Assange durch die

Vereinigten Staaten. All diese Unternehmungen sind Versuche, die Spuren der Wahrheit zu begraben. Dahinter steckt wohl die Furcht vor der Wahrheit.

Nach der Veranstaltung von *PEN International* und *English PEN* erzählte mir Awet, dass die Situation der seit über 21 Jahren verschollenen Journalisten und Schriftsteller in Eritrea für viele der Teilnehmerinnen und Teilnehmer eine neue und kaum vorstellbare Information war. Das Erstaunen der Teilnehmer gab mir zu bedenken, dass unsere Schwäche nicht nur darin liegt, die Verschleppten zu unterstützen, sondern dass wir auch versagt haben, ihren Leiden und ihrer Schreie eine unüberhörbare Stimme zu verleihen.

Wenn du zurückblickst: Als wir mit unserer Korrespondenz anfingen, waren Corona, Covid, Lockdown, Quarantäne ... die alles übertönenden Wörter. Die Zeit, in der die Impfung das beherrschende Thema war, scheint ebenso vorbei. Allerdings erst jetzt, während ich diesen letzten Brief verfasse, werden die Regelung für das Tragen eines Mund-Nasen-Schutzes (mit Ausnahme von Arztpraxen und Krankenhäusern) aufgehoben. Damit gehört Deutschland zu den letzten Ländern, die diese obligatorischen Maßnahmen aufgehoben haben.

Die vor kurzem gelungene Enttarnung der als ›Reichsbürger‹ bekannten Gruppe und deren Pläne, den Staat zu stürzen, habe ich in der Berichterstattung verfolgt. Durch verschiedene Verschwörungstheorien haben sie auch versucht, die in der Bevölkerung wegen Covid-19 und den Corona-Maßnahmen entstandenen Ängste und Verzweiflung anzuheizen. Man kann nur froh sein, dass dieser üblen Instrumentalisierung keine Menschenleben zum Opfer fielen.

Liebe Tanja, in meinem ersten Brief vom April 2020 schrieb ich dir: »Wann wir unser Heimatland wieder betreten, wann wir unsere Eltern jemals wiedersehen werden, weiß keiner.«

Zwei Jahre später, im September 2022, schrieb ich dir: »Wenn alles gut geht, werde ich nächste Woche an einem Ort sein, an dem ich eine gute Zeit verbringen werde.« Nun erzähle ich dir von dem Ereignis, das diese beiden Zustände versöhnt.

Kannst du dir vorstellen: Meine beiden Brüder und ich konnten meine Eltern endlich wiedersehen. Sie durften zu einer medizinischen Behandlung Eritrea verlassen. Es war genau Mitte März 2018, als ich von ihnen wegging. Fünf Jahre sind vergangen, seitdem wir wirklich Kontakt hatten, abgesehen von ihrer Stimme, die ich hin und wieder hören konnte. Diese Art von Situation ist für eritreische Verhältnisse leider eine Normalität, sodass sie in irgendeiner Art und Weise weder Mitleid noch Aufmerksamkeit erregen könnte. Im Vergleich zu anderen Familien ist unsere Trennung relativ kurz. Für meinen jungen Bruder (der Vater von Kabiel), der aus Rotterdam anreiste, war es ein Wiedersehen nach acht Jahren.

Angespannt waren wir viel mehr über meinen Bruder, der aus Birmingham gekommen war. 2005 musste er zum Militärcamp, wo er die Sekundarschule abschließen und anschließend direkt das Militärtraining absolvieren sollte. Von dort ergriff mein Bruder jedoch die Flucht und verließ Eritrea. Nun hat er erstmals nach 17 Jahren unsere Eltern getroffen. Es sind etliche Veränderungen auf beiden Seiten geschehen, die man nicht alle aufzählen kann.

Meine Mutter meinte, dass sie ihn auf der Straße nicht erkannt hätte, weil er sich sehr verändert hat. Wahrscheinlich hätte auch er die beiden nicht wiedererkannt, hätte er sie zufällig und unerwartet irgendwo getroffen. Jedenfalls haben wir alle gemeinsam eine kurze, jedoch wunderschöne Zeit verbracht. Das Treffen löste in uns allen eine tiefe innere Erleichterung aus. Wichtig war natürlich auch, dass unsere Eltern endlich Zugang zu besserer medizinischer Behandlung erhielten.

Habe ich dir eigentlich bei unserem letzten Frühstückstreffen erzählt, welche Schwierigkeiten mir das Deutschlernen bereitet? Ich kann zwar nicht sagen, wann, aber wie es aussieht, werden wir in ferner Zukunft nicht mehr neue Sprachen lernen müssen. Eine Münchnerin wird nach Adi Keyih gehen und sich auf dem Markt mit einer lokalen Händlerin unterhalten und verständigen können. Die Technologie der Zukunft könnte uns eine viel effizientere Verständigungsmöglichkeit anbieten, indem das gesprochene Wort in der Luft aufgegriffen und gleich in die Sprache des Zuhörenden umgewandelt wird. Wenn ich mir vorstelle, wie künftige Generationen von Schriftstellerinnen ohne große sprachliche Barrieren arbeiten und keine Ahnung haben werden, wie schwer es ist, die deutsche Sprache zu erlernen – allein bei dem Gedanken werde ich neidisch.

Bei unserem nächsten Treffen werden wir hoffentlich über die scheinbar kleinen sprachlichen Fehler, die häufig zu irrwitzigen Missverständnissen führen können, lachen. Bis dahin wünsche ich dir gutes Gelingen bei allen Schreibprojekten, die du dir gegenwärtig vorgenommen hast, und natürlich auch viel Erfolg für all deine Pläne.

Für den kommenden März bin ich von der Swedish Academy zu einer Konferenz in Stockholm unter dem Titel »Thought and Truth Under Pressure« als Rednerin eingeladen. Die Konferenz war eigentlich vor zwei Jahren geplant, aber wurde wegen der Corona-Pandemie auf den kommenden März verlegt. Zum Gedenktag an die inhaftierten Schriftsteller (15. November) werde ich in der Schweiz in drei Städten – in Zürich, Bern und Basel – Lesungen halten. (Bis dahin hoffe ich, dass unsere Briefe die Leserinnen und Leser erreichen werden.) Auch für Deutschland habe ich einige Einladungen erhalten. 2023 wird ein besseres Jahr für uns alle, hoffe ich.

Dieser Winter unterscheidet sich von den vorherigen seit meiner Ankunft in Deutschland. Damals, als ich neu war, konnte ich den Tag von der Nacht kaum unterscheiden, ohne auf die Uhr zu schauen. Dieses Mal haben wir sogar sonnige Tage. Die

Ängste von Greta Thunberg und ihren Mitstreiterinnen und Mitstreitern kann ich nun sehr gut nachvollziehen.

Seitdem du den Brief geschrieben hast, sehen wir erst seit heute richtigen Schnee, wie er normalerweise sein sollte. Ich hoffe, dass es weiter schneit, damit wir unseren Plan verwirklichen können, gemeinsam einen Schneemann zu bauen.

Ich wünsche dir alles Gute!

In Liebe und Respekt,

deine Yirgalem

Weitere akono Bücher

YEWANDE OMOTOSO

Mojisola weint nicht

Roman. Übersetzt aus dem Englischen von Thomas Brückner
Originaltitel: An Unusual Grief, Cassava Republic
Paperback | 310 Seiten | € 24
Cover Illustration: Mobolaji Ogunrosoye
ISBN 978-3-949554-13-1
Erscheint am 01. September 2023
Auch als E-Book erhältlich

WIE LERNT MAN SEINE TOCHTER KENNEN, WENN SIE TOT IST?

Mojisola, eine nigerianische Einwanderin in Südafrika, sieht sich mit den Versäumnissen ihres Lebens konfrontiert, als sie die Nachricht vom Selbstmord ihrer Tochter Yinka erhält. Ihre Trauer führt sie nach Johannesburg, wo sie sich, ihren untreuen Ehemann Titus zurücklassend, in Yinkas Wohnung einnistet und mithilfe der schrulligen Vermieterin Zelda um die entfremdete Tochter und die nie behandelten Bruchstellen in ihrer Beziehung zueinander trauert. Doch in Yinkas Leben, das sie nach und nach übernimmt, wartet neben der Dunkelheit auch Unerwartetes – Mojisola taucht in Welten ein, in denen sie sich von den Fesseln ihres Daseins als Ehefrau und Mutter befreit und ihren Platz in der Welt neu zu verstehen lernt.

Nominiert für den Dublin Literary Award 2023 und den Republic of Consciousness Prize

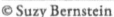

© Suzy Bernstein

MAX LOBE
VERTRAULICHKEITEN

Roman. Aus dem Französischen von Katharina-Triebner Cabald

Nominiert für den Preis der Leipziger Buchmesse

Ahmadou-Kourouma-Preis. Mit einem Nachwort von Alain Mabanckou.

Originaltitel: Confidences, Editions Zoé

Paperback | 268 Seiten | € 20

ISBN 978-3-949554-07-0

Erschienen im August 2022

Auch als E-Book erhältlich

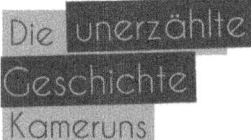

Die unerzählte Geschichte Kameruns

Bei seiner Rückkehr in die Heimat sucht Max Lobe im Bassa-Wald die alte Frau Mâ Maliga auf, um von ihr zu erfahren, was sie über die Unabhängigkeitsbewegung in Kamerun und deren Anführer Ruben Um Nyobè weiß. Vertraulichkeiten ist die Erzählung dieser redseligen und schelmischen Frau, die den Widerstand gegen die Kolonialmacht am eigenen Leib erfahren hat. Beim Erzählen vergisst sie nicht, vom Palmwein zu trinken und ihr Gegenüber ebenfalls davon kosten zu lassen. In einer Mischung aus leichter Trunkenheit und tiefer Ernsthaftigkeit erfahren wir so die Geschichte der Unabhängigkeit Kameruns und seines verschwiegenen Krieges.

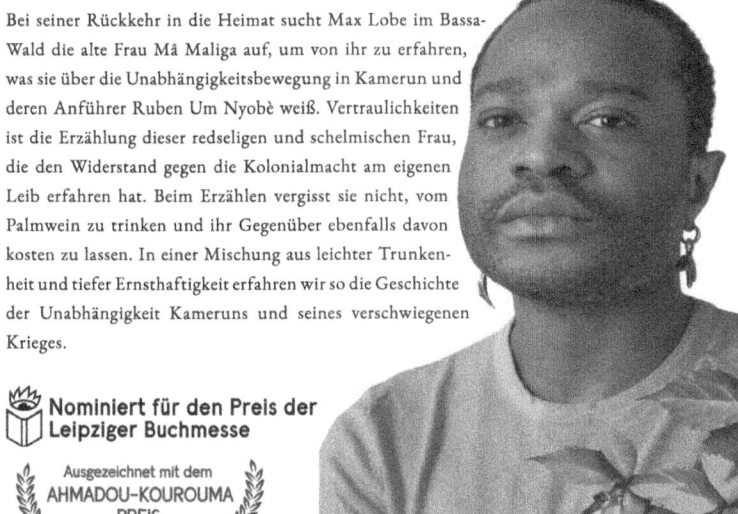

Nominiert für den Preis der Leipziger Buchmesse

Ausgezeichnet mit dem AHMADOU-KOUROUMA PREIS

© Nadir Mokdad

akono
Verlag für
afrikanische
Literaturen